NEW

가슴 설레는 일본 유학 생활
체험 회화문

どき
도키도키
どき
일본어 초급 上

다락원

머리말

　글로벌 경쟁력의 필수 요소인 외국어 습득 필요성은 인터넷 학습이 대중화된 현재도 여전히 유효하다. 우리와 가깝고도 먼 일본 또한 마찬가지이다. 양국은 정치적 경제적 문화적 상황 등에 따라 그 친소 정도가 요동치지만 미래 시대의 동반자로서의 위상은 여전히 중대하다. 특히 최근엔 일본 여행이나 비즈니스뿐만 아니라 게임, 음악, 인터넷, 영화 등 다양한 매체를 통하여 일본어를 쉽게 접할 수 있게 되었다. 대학에서도 국제 감각을 지닌 글로벌 인재 육성을 도모하기 위해 일본어 자격증을 취득고자 하는 학생들의 욕구를 여전히 확인할 수 있으며, 교양과목으로 일본어를 선택하는 학생들 또한 양국의 관계 상황을 아랑곳하지 않고 여전히 존재하고 있다.

　이러한 상황에서 『どきどき(도키도키) 일본어 초급 ⬆』의 개정판은 초판보다 더 많은 삽화를 통해 입문과 초급 수준의 일본어를 익히려고 하는 학습자를 대상으로 실생활에서의 커뮤니케이션 능력 향상을 할 수 있도록 구성하였다.

　즉, 이 교재는 한국의 대학생이 일본에 유학 혹은 어학 연수를 갔을 때 직면할 수 있는 스토리로 회화문을 구성하여 보다 실용적인 일본어 학습이 가능하도록 하였으며, 동시에 일본어 초급 단계에서 문법적인 지식과 문형을 단계적으로 습득할 수 있도록 체계적으로 구성하였다.

　본 교재의 구성을 살펴보면, 초급 단계에서부터 언어의 4기능인 읽기, 쓰기, 말하기, 듣기를 균형 있게 습득할 수 있도록 각각 다음과 같이 구성되어 있다.

• 각 과의 회화문은 한국인 대학생의 일본유학기라는 스토리로 구성하여 일본 현지에서 유학하면서 일어날 수 있는 각각의 상황에 바로 사용할 수 있는 자연스러운 회화문을 수록하였다.

• 문형 포인트에서는 각 과에서 배우는 문형을 중심으로 간단한 설명과 다양한 예문을 통해 문형을 익힐 수 있도록 배려하였다.

• 풍부한 연습을 통하여 각 과에서 배운 내용을 확실하게 복습할 수 있도록, 각 과에서 학습한 문형 연습과 회화 연습, 작문 연습뿐만이 아니라 청해 연습을 넣어 듣기 능력 배양에도 힘썼다.

아무쪼록 본 교재를 통하여 일본어 학습이 더욱 즐거워지고, 또한 그렇게 습득한 일본어를 통하여 각자가 원하는 목표를 달성할 수 있기를 기원하는 바이다.

끝으로 이 교재의 개정판을 출간하도록 지원해 주신 다락원 정규도 사장님과 개정판을 다듬어 주신 일본어 출판부 여러분께 감사의 말씀을 드린다.

저자 일동

『NEW どきどき(도키도키) 일본어 초급 ❶』은 입문과 기초 수준의 일본어를 익히려고 하는 학습자를 대상으로 한 일본어 입문 교재이다.

일본어 학습을 보다 효과적이고 실용적으로 할 수 있도록 한국의 대학생이 일본에 유학 혹은 어학 연수를 갔을 때 직면할 수 있는 스토리로 회화문을 구성하여 보다 실용적인 일본어 학습이 가능하도록 하였다. 동시에 일본어의 첫 시작인 일본어 문자와 발음부터 시작하여, 일본어 초급 단계의 문법적인 지식과 문형을 단계적으로 습득할 수 있도록 체계적으로 구성하였다.

각 과는 초급 단계에서부터 언어의 4기능인 읽기, 쓰기, 말하기, 듣기를 균형 있게 습득할 수 있도록 학습 목표와 학습 포인트, 회화, 신출 단어, 문형 포인트, 문형 연습, 회화 연습, 작문 연습, 청해 연습으로 구성되어 있다.

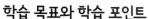

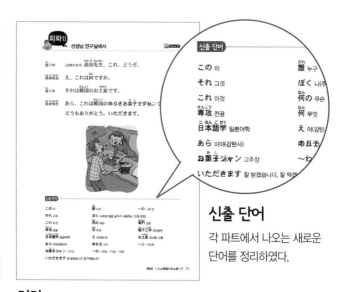

신출 단어

각 파트에서 나오는 새로운 단어를 정리하였다.

학습 목표와 학습 포인트

각 과에서 일본어를 배우는 목적과 학습해야 할 중요 문형에 대해서 정리하였다.

회화

한국 대학생이 일본에서 생활하면서 체험한 생생한 내용으로 구성하였다.

문형 포인트

회화에 나오는 중요 문법이나 문형 등을 간단한 설명과
쉽고 다양한 예문과 함께 정리하였다.

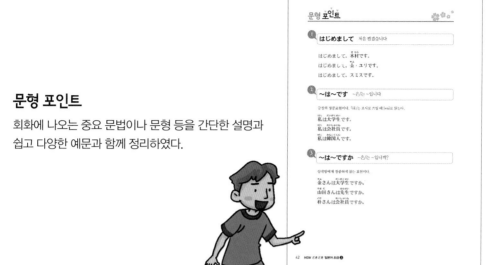

연습문제

언어의 4기능에 맞춰 〈문형 연습〉〈회화 연습〉〈작문 연습〉〈청해 연습〉으로 구성되어 있다.

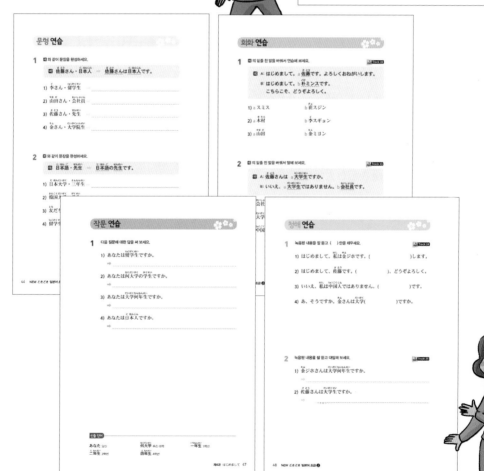

학습 목표 및 학습 포인트

제1과 일본어의 문자와 오십음도

히라가나(平仮名) | 가타카나(カタカナ) | 한자(漢字) | 일본어의 오십음도(五十音図)

제2과 일본어의 발음

청음(清音) | 탁음(濁音) | 반탁음(半濁音) | 요음(拗音) | 촉음(促音) | 장음(長音) |
발음(撥音)

제3과 あいさつ

학습 목표 | 기본적인 인사법을 익힌다.

학습 포인트 | 일본의 인사법

제4과 はじめまして

학습 목표 | 처음 만난 사람에게 자기소개 하는 방법을 익힌다.

학습 포인트 | 私は金ジホです。
キムさんは中国人ですか。
中国人ではありません。
佐藤さんも大学生ですか。

제5과 これは韓国のお土産です

학습 목표 | 전공에 대해 묻고 대답할 수 있다.
사물을 가리키는 지시어(지시대명사, 연체사)를 익힌다.

학습 포인트 | それは何ですか。
これはのりです。
専攻は何ですか。
この本はだれのですか。

제6과 あそこの建物は何ですか

학습 목표 | 사물의 존재 표현을 익힌다.
장소, 방향을 나타내는 지시어와 위치 표현을 익힌다.

학습 포인트 | あそこの建物は何ですか。
何がありますか。
スーパーやレストランなどがあります。
トイレはどちらですか。

차례

등장인물

김지호(金ジホ)

한국대학 3학년
한국대학에서 일본대학으로 온 교환학생

사토 가오리(佐藤香)

일본대학의 대학원생
한국에서 교환학생으로 온 김지호의 튜터

다카다 선생님(高田先生)

일본대학의 교수님
한국에서 교환학생으로 온 김지호 학생을
담당하는 지도교관

제 **1** 과
일본어의
문자와 오십음도

일본어의 문자와 오십음도

현대 일본어의 문자에는 히라가나, 가타가나, 한자 세 가지가 있다. 일본보다 역사가 오래된 중국에서 차용한 단어는 한자로, 외래어는 가타카나, 그 외의 모든 말은 히라가나를 사용하여 표기한다. 히라가나는 한자의 초서체에서, 그리고 가타카나는 한자의 자획 일부에서 따온 것이다.

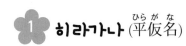 **히라가나** (平仮名^{ひらがな})

한자의 초서체를 간략화한 것으로 10세기 초에 성립되었다. 그 당시에는 한자에 어두웠던 여성들이 주로 사용하였으며, 서간문, 일기, 和歌(일본의 전통 시가)에 주로 쓰였다. 히라가나라는 명칭은 에도 시대(1603~1867)에 붙여진 것이다.

▶ **히라가나의 字源**

あ	か	さ	た	な	は	ま	や	ら	わ	ん
安	加	左	太	奈	波	末	也	良	和	无
い	き	し	ち	に	ひ	み		り		
以	幾	之	知	仁	比	美		利		
う	く	す	つ	ぬ	ふ	む	ゆ	る		
宇	久	寸	川	奴	不	武	由	留		
え	け	せ	て	ね	へ	め		れ		
衣	計	世	天	祢	部	女		礼		
お	こ	そ	と	の	ほ	も	よ	ろ		を
於	己	曾	止	乃	保	毛	与	呂		遠

가타카나(片仮名)

한자의 부수나 편에서 발달된 것으로, 자획의 일부를 생략하거나 모방하여 사용한 것이 그 기원이다. 성립 시기는 10세기경으로 추정되고 있다. 가타카나는 오로지 한자나 한문을 읽기 위하여 편의적으로 만들어진 것으로, 가타카나가 사용되는 범위는 외래어, 인명과 지명, 의성어, 의태어, 전보문, 또는 시각적인 효과를 얻고자 하는 경우 등이다.

▶ 가타카나의 字源

ア	カ	サ	タ	ナ	ハ	マ	ヤ	ラ	ワ	ン
阿	加	散	多	奈	八	万	也	良	和	レ
イ	キ	シ	チ	ニ	ヒ	ミ		リ		
伊	幾	之	千	仁	比	三		利		
ウ	ク	ス	ツ	ヌ	フ	ム	ユ	ル		
宇	久	須	川	奴	不	牟	由	流		
エ	ケ	セ	テ	ネ	ヘ	メ		レ		
江	介	世	天	祢	部	女		礼		
オ	コ	ソ	ト	ノ	ホ	モ	ヨ	ロ	ヲ	
於	己	曾	止	乃	保	毛	与	呂	乎	

한자(漢字)

한자는 일본어 어휘의 기본을 이룬다. 일본어의 문장은 주로 히라가나와 한자를 섞어서 쓰게 되므로, 한자도 일본어라 생각하고 공부해야 한다. 일본어에서 한자는 주로 약자를 쓴다.

일본어에서 한자는 음독, 훈독 두 가지 방법으로 읽힌다. 또 한 글자의 읽는 법이 음독, 훈독 중 어느 한쪽으로 정해져 있지 않으며, 두 가지 이상 또는 수십 가지인 경우도 있다.

예 山 훈독(訓読) : やま 山田(やまだ) 야마다(인명) 山(やま)にのぼる 산에 오르다
음독(音読) : さん 富士山(ふじさん) (일본의) 후지산

한자 중에는 일본에서 만들어진 한자가 있는데, 이를 일본에서는 국자(国字)라고 한다.

働, 峠, 込 등

4 일본어의 오십음도(五十音図)

히라가나와 가타카나를 합쳐 가나(仮名)라고 하는데, 가나를 세로 5단(段), 가로 10행(行)의 표로 만든 것을 오십음도(五十音図)라고 한다. 자음이 같은 것을 같은 행(行)으로, 모음이 같은 것을 같은 단(段)으로 배열하고 있다.

▶ 히라가나 오십음도(ひらがな 五十音図)

	あ行	か行	さ行	た行	な行	は行	ま行	や行	ら行	わ行	
あ段	あ	か	さ	た	な	は	ま	や	ら	わ	ん
	a	ka	sa	ta	na	ha	ma	ya	ra	wa	n
い段	い	き	し	ち	に	ひ	み		り		
	i	ki	shi	chi	ni	hi	mi		ri		
う段	う	く	す	つ	ぬ	ふ	む	ゆ	る		
	u	ku	su	tsu	nu	fu	mu	yu	ru		
え段	え	け	せ	て	ね	へ	め		れ		
	e	ke	se	te	ne	he	me		re		
お段	お	こ	そ	と	の	ほ	も	よ	ろ	を	
	o	ko	so	to	no	ho	mo	yo	ro	o	

▶ 가타카나 오십음도(カタカナ 五十音図)

	ア行	カ行	サ行	タ行	ナ行	ハ行	マ行	ヤ行	ラ行	ワ行	
ア段	ア	カ	サ	タ	ナ	ハ	マ	ヤ	ラ	ワ	ン
	a	ka	sa	ta	na	ha	ma	ya	ra	wa	n
イ段	イ	キ	シ	チ	ニ	ヒ	ミ		リ		
	i	ki	shi	chi	ni	hi	mi		ri		
ウ段	ウ	ク	ス	ツ	ヌ	フ	ム	ユ	ル		
	u	ku	su	tsu	nu	fu	mu	yu	ru		
エ段	エ	ケ	セ	テ	ネ	ヘ	メ		レ		
	e	ke	se	te	ne	he	me		re		
オ段	オ	コ	ソ	ト	ノ	ホ	モ	ヨ	ロ	ヲ	
	o	ko	so	to	no	ho	mo	yo	ro	o	

제 2 과

일본어의 발음

 **청음**(清音)

맑은 소리란 뜻으로 가나(仮名)에 탁점(濁点)「゛」이나 반탁음부(半濁音符)「゜」가 붙지 않고 나타내는 음절을 말한다.

あ行

mp3 Track 01

あ	い	う	え	お
[a]	[i]	[u]	[e]	[o]
ア	イ	ウ	エ	オ
あい(愛) 사랑	いえ(家) 집	うえ(上) 위	え(絵) 그림	おおい(多い) 많다

발음은 우리말의 「아, 이, 우, 에, 오」와 비슷하며 「う」는 우리말 「우」와 「으」의 중간음이다.

か行

mp3 Track 02

か	き	く	け	こ
[ka]	[ki]	[ku]	[ke]	[ko]
カ	キ	ク	ケ	コ
かき(柿) 감	きかい(機械) 기계	くち(口) 입	いけ(池) 연못	ここ 이곳

か행의 자음은 단어의 첫머리에 올 때와 중간에 올 때의 발음이 다르다. 단어 첫머리에 올 때는 우리말 「ㅋ」에 가깝고, 단어 중간에 올 때는 「ㄲ」과 비슷하게 발음된다.

さ行

mp3 Track 03

さ [sa] サ	し [shi] シ	す [su] ス	せ [se] セ	そ [so] ソ
さけ(酒) 술	しお(塩) 소금	すし(寿司) 초밥	せき(席) 자리	そこ 그곳

우리말 「사, 시, 스, 세, 소」와 같으며 「す」는 「스」와 「수」의 중간 발음이므로 주의해야 한다. 특히 「す」
는 단어의 끝에 오면 「스」에 가깝게 발음된다.

た行

mp3 Track 04

た [ta] タ	ち [chi] チ	つ [tsu] ツ	て [te] テ	と [to] ト
たかい(高い) 높다	ちち(父) 아버지	つくえ(机) 책상	て(手) 손	とけい(時計) 시계

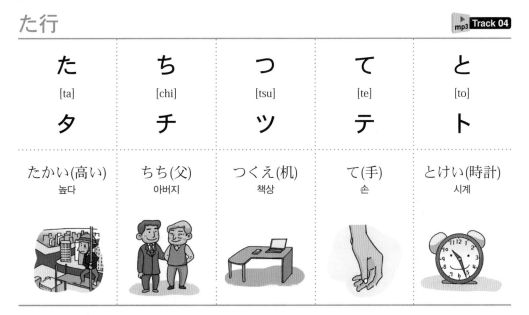

「た」, 「て」, 「と」의 자음 발음은 어두에 오면 우리말 「ㄷ」, 「ㅌ」의 중간음이고, 단어의 중간이나 끝에
오면 우리말 「ㄸ」에 가깝다. 또 「ち」는 어두에 오면 우리말 「치」보다 약하게 발음되고, 단어의 중간이
나 끝에 오면 「찌」에 가깝게 발음된다. 마지막으로 「つ」는 「쓰」와 「쯔」의 중간 음으로 발음된다. 일본
어의 자음 발음에서 가장 어려운 발음이다.

な行

mp3 Track 05

な	に	ぬ	ね	の
[na]	[ni]	[nu]	[ne]	[no]
ナ	ニ	ヌ	ネ	ノ
なく(泣く)	にく(肉)	いぬ(犬)	ねこ(猫)	のう(脳)
울다	고기	개	고양이	뇌

な행의 발음은 한글 「나, 니, 누, 네, 노」와 같다. 「ぬ」는 우리말 「느」와 「누」의 중간 발음이다.

は行

mp3 Track 06

は	ひ	ふ	へ	ほ
[ha]	[hi]	[fu]	[he]	[ho]
ハ	ヒ	フ	ヘ	ホ
はな(花)	ひと(人)	ふね(船)	へそ	ほし(星)
꽃	사람	배	배꼽	별

は행의 자음 발음은 우리말의 「ㅎ」과 같다. 단 「ふ」는 우리말 「흐」와 「후」의 중간음이다.

ま行

ま [ma] マ	み [mi] ミ	む [mu] ム	め [me] メ	も [mo] モ
まめ(豆) 콩	みみ(耳) 귀	むし(虫) 벌레	め(目) 눈	もち(餅) 떡

ま행의 자음 발음은 우리말 「마, 미, 무, 메, 모」와 거의 동일하다. 단, 「む」는 「므」와 「무」의 중간 음이
되도록 유의해야 한다.

や行

や [ya] ヤ	ゆ [yu] ユ	よ [yo] ヨ
やさい(野菜) 야채	ゆき(雪) 눈	よこ(横) 옆

반모음에 해당하는 것으로 「야, 유, 요」와 같이 발음한다. 「ゆ」는 발음할 때 입술이 둥글게 되지 않도록
주의해야 한다.

ら行

ら	り	る	れ	ろ
[ra]	[ri]	[ru]	[re]	[ro]
ラ	リ	ル	レ	ロ
らく(楽) 편안함	りす 다람쥐	るす(留守) 부재 중	れいぞうこ (冷蔵庫) 냉장고	ろく(六) 여섯

ら행의 자음 발음은 우리말의 「라, 리, 루, 레, 로」와 동일하다. 「ら」는 입술이 둥글게 되지 않도록 주의해야 한다.

わ行

わ	を
[wa]	[o]
ワ	ヲ
わに 악어	絵を見る(えをみる) 그림을 보다

わ행은 「와, 오」로 발음한다. 「を」의 발음은 あ행의 「お」와 발음이 같으며, 조사(을/를)로만 쓰인다.

발음

ん
[n]
ン
みかん 귤

② 탁음(濁音)

가나(仮名)의 오른쪽 위에 탁점(濁点)「゛」을 붙여서 표시하고,「か, さ, た, は」행에만 나타난다.
「か」는 성대를 울리지 않는 청음이나,「が」는 성대를 울린다.

▶ひらがな

	が行	ざ行	だ行	ば行
あ段	が	ざ	だ	ば
	ga	za	da	ba
い段	ぎ	じ	ぢ	び
	gi	ji	ji	bi
う段	ぐ	ず	づ	ぶ
	gu	zu	zu	bu
え段	げ	ぜ	で	べ
	ge	ze	de	be
お段	ご	ぞ	ど	ぼ
	go	zo	do	bo

▶カタカナ

	ガ行	ザ行	ダ行	バ行
あ段	ガ	ザ	ダ	バ
	ga	za	da	ba
い段	ギ	ジ	ヂ	ビ
	gi	ji	ji	bi
う段	グ	ズ	ヅ	ブ
	gu	zu	zu	bu
え段	ゲ	ゼ	デ	ベ
	ge	ze	de	be
お段	ゴ	ゾ	ド	ボ
	go	zo	do	bo

が行

が	ぎ	ぐ	げ	ご
[ga]	[gi]	[gu]	[ge]	[go]
ガ	ギ	グ	ゲ	ゴ
がいこく (外国) 외국	ぎんこう (銀行) 은행	ぐあい (具合い) 건강 상태	ゲスト 게스트	ごみ 쓰레기

우리말에 없는 발음이기 때문에 틀리기 쉬운 발음 중의 하나이다. が행의 자음 발음은 성대를 울려서
내는 발음으로 영어의 [g]와 동일하다.

ざ行

ざ	じ	ず	ぜ	ぞ
[za]	[ji]	[zu]	[ze]	[zo]
ザ	ジ	ズ	ゼ	ゾ
ひざ(膝)	ひじ(肘)	ちず(地図)	かぜ(風)	ぞう(象)
무릎	팔꿈치	지도	바람	코끼리

우리말에 없는 발음이기 때문에 틀리기 쉬운 발음 중의 하나이다. 앞에서 나온 「さ, し, す, せ, そ」 발음의 입모양 그대로에 성대를 울려서 내는 발음이다. 「ず」는 영어로는 [zu]로 표기하지만, 「주」가 아니고 「즈」로 발음해야 한다.

だ行

だ	ぢ	づ	で	ど
[da]	[ji]	[zu]	[de]	[do]
ダ	ヂ	ヅ	デ	ド
だいこん (大根)	はなぢ (鼻血)	こづつみ (小包)	でんわ (電話)	ドア
무	코피	소포	전화	문

「だ, で, ど」의 자음 발음은 영어의 [d]와 동일하다. 「ぢ」, 「づ」는 「じ」, 「ず」에 합류되어 현재는 특별한 경우 이외에는 쓰이지 않는다.

ば行

ば	び	ぶ	べ	ぼ
[ba]	[bi]	[bu]	[be]	[bo]
バ	ビ	ブ	ベ	ボ
ばら	へび(蛇)	ぶた(豚)	かべ(壁)	ぼうし(帽子)
장미	뱀	돼지	벽	모자

ば행의 자음 발음은 우리말의 「바, 비, 부, 베, 보」로 나타내지만, 우리말과는 달리 성대를 울려서 내는 소리임으로 주의해야 한다.

3 반탁음(半濁音)
はんだくおん

반탁음은 は행의 오른편에 반탁음부(半濁音符) 「 ゜」를 붙여서 표시한다.

	あ段	い段	う段	え段	お段
ぱ行	ぱ	ぴ	ぷ	ぺ	ぽ
	pa	pi	pu	pe	po
パ行	パ	ピ	プ	ペ	ポ
	pa	pi	pu	pe	po

ぱ行

mp3 Track 15

ぱ	ぴ	ぷ	ぺ	ぽ
[pa]	[pi]	[pu]	[pe]	[po]
パ	ピ	プ	ペ	ポ
かんぱい (乾杯) 건배	えんぴつ (鉛筆) 연필	せんぷうき 선풍기	ペン 펜	たんぽぽ 민들레

ぱ행의 자음 발음은 영어의 [p]와 우리말의 「파, 피, 푸, 페, 포」와 「빠, 삐, 뿌, 뻬, 뽀」의 중간음이다.

4 요음(拗音)
<ruby>요음<rt>ようおん</rt></ruby>

반모음 「や, ゆ, よ」가 다른 가나와 함께 쓰여, 그 가나와 함께 한 글자처럼 발음되는 경우를 요음이라고 한다. 단, 요음에서의 반모음 「や, ゆ, よ」는 가나의 오른쪽 밑에 작게 쓰며, 오직 い단의 음에만 붙여서 사용한다.

▶ひらがな

청음							탁음			반탁음
きゃ	しゃ	ちゃ	にゃ	ひゃ	みゃ	りゃ	ぎゃ	じゃ	びゃ	ぴゃ
kya	sha	cha	nya	hya	mya	rya	gya	ja	bya	pya
きゅ	しゅ	ちゅ	にゅ	ひゅ	みゅ	りゅ	ぎゅ	じゅ	びゅ	ぴゅ
kyu	shu	chu	nyu	hyu	myu	ryu	gyu	ju	byu	pyu
きょ	しょ	ちょ	にょ	ひょ	みょ	りょ	ぎょ	じょ	びょ	ぴょ
kyo	sho	cho	nyo	hyo	myo	ryo	gyo	jo	byo	pyo

▶カタカナ

청음							탁음			반탁음
キャ	シャ	チャ	ニャ	ヒャ	ミャ	リャ	ギャ	ジャ	ビャ	ピャ
kya	sha	cha	nya	hya	mya	rya	gya	ja	bya	pya
キュ	シュ	チュ	ニュ	ヒュ	ミュ	リュ	ギュ	ジュ	ビュ	ピュ
kyu	shu	chu	nyu	hyu	myu	ryu	gyu	ju	byu	pyu
キョ	ショ	チョ	ニョ	ヒョ	ミョ	リョ	ギョ	ジョ	ビョ	ピョ
kyo	sho	cho	nyo	hyo	myo	ryo	gyo	jo	byo	pyo

きゃ	きゅ	きょ
[kya]	[kyu]	[kyo]
キャ	キュ	キョ
おきゃくさん (お客さん) 손님	きゅうり 오이	きょうしつ(教室) 교실

しゃ	しゅ	しょ
[sha]	[shu]	[sho]
シャ	シュ	ショ
しゃしん(写真) 사진	しゅみ(趣味) 취미	じしょ(辞書) 사전

ちゃ [cha] チャ	ちゅ [chu] チュ	ちょ [cho] チョ
おちゃ(お茶) 차	ちゅうい(注意) 주의	ちょきん(貯金) 저금

にゃ [nya] ニャ	にゅ [nyu] ニュ	にょ [nyo] ニョ
こんにゃく 곤약	にゅうがく(入学) 입학	にょうぼう(女房) 아내

ひゃ [hya] **ヒャ**	**ひゅ** [hyu] **ヒュ**	**ひょ** [hyo] **ヒョ**
ひゃく(百) 백 	ヒュウヒュウ 휙휙 	ひょうし(表紙) 표지
みゃ [mya] **ミャ**	**みゅ** [myu] **ミュ**	**みょ** [myo] **ミョ**
みゃく(脈) 맥, 혈관 	ミュージカル 뮤지컬 	みょうじ(名字) 성

りゃ	りゅ	りょ
[rya]	[ryu]	[ryo]
リャ	リュ	リョ
りゃくじ(略字)	こうりゅう(交流)	りょこう(旅行)
약자	교류	여행

❷ 탁음

ぎゃ	ぎゅ	ぎょ
[gya]	[gyu]	[gyo]
ギャ	ギュ	ギョ
ぎゃく(逆)	ぎゅうにゅう(牛乳)	きんぎょ(金魚)
반대	우유	금붕어

じゃ [ja] ジャ	じゅ [ju] ジュ	じょ [jo] ジョ
じゃま(邪魔) 방해	じゅぎょう(授業) 수업	じょうだん(冗談) 농담

びゃ [bya] ビャ	びゅ [byu] ビュ	びょ [byo] ビョ
さんびゃく(三百) 삼백	ビューティー 뷰티, 미, 아름다움	びょういん(病院) 병원
300		

❸ 반탁음

ぴゃ	ぴゅ	ぴょ
[pya]	[pyu]	[pyo]
ピャ	ピュ	ピョ
ろっぴゃく(六百) 육백, 600	コンピューター 컴퓨터	ぴょんぴょん (ピョンピョン) 깡충깡충

 **5 촉음**(促音)

촉음은 우리말의 받침과 같은 역할을 하는 것으로 「つ」자를 가나의 오른쪽 밑에 작게 써서 나타낸다. 촉음 「っ」는 「か, さ, た, ぱ」행 앞에 쓰인다. 단, 발음은 바로 뒷글자의 영향을 받아 뒷글자의 자음과 일치하는데, 음의 길이가 우리의 받침과는 달리 한 박자이므로 주의해야 된다.

1 か행 앞에서 [k](ㄱ)받침이 되는 경우

예 いっき[ikki] (一気) 단숨에 마심

いっかい[ikkai] (一階) 1층

いっこ[ikko] (一個) 한 개

2 さ행 앞에서 [s](ㅅ)받침이 되는 경우

예 いっさい[issai] (一歳) 한 살

ざっし[zassi] (雑誌) 잡지

いっさつ[issatsu] (一冊) 한 권

3 た행 앞에서 [t](ㄷ)(ㅌ)받침이 되는 경우

예 きって[kitte] (切手) 우표

ぜったい[zettai] (絶対) 절대

4 ぱ行 앞에서 [p](ㅂ)받침이 되는 경우

예 いっぱい[ippai] (一杯) 가득

いっぴき[ippiki] (一匹) 한 마리

きっぷ[kippu] (切符) 표

6 장음(長音)

앞 모음에 동화되어 길게 발음하는 모음을 말한다.

1 あ단의 음 뒤에 「あ」 ➡ [a:]

예 おかあさん 어머니   おばあさん 할머니
    スカート(skirt) 치마

2 い단의 음 뒤에 「い」 ➡ [i:]

예 おにいさん 형, 오빠   おじいさん 할아버지
    キー(key) 열쇠

3 う단의 음 뒤에 「う」 ➡ [u:]

예 すうじ(数字) 숫자   くうき(空気) 공기
    スーツ(suit) 양복

4 え단의 음 뒤에 「え」 또는 「い」 ➡ [e:]

예 おねえさん 언니, 누나   せんせい(先生) 선생님
    ケーキ(cake) 케이크

5 お단의 뒤에 「お」 또는 「う」 ➡ [o:]

예 とお 열 개   おとうさん 아버지
    レポート(report) 리포트

 **발음(撥音)** ^{はつおん}

발음 「ん」은 일본어에서 받침 역할을 하는 것으로 우리말의 받침과는 달리 한 박자의 길이를 가진다. 뒤에 오는 음에 따라 우리말의 「ㅁ」, 「ㄴ」, 「ㅇ」 등으로 자연스럽게 발음이 변하게 된다.

---

1 [m](ㅁ)으로 발음하는 경우 ➡ 「ん」 뒤에 「ま·ば·ぱ」행의 음이 올 때

> 예 　さんま 꽁치 　　　　　　しんぱい(心配) 걱정
> 　　　じんぶつ(人物) 인물 　　ハンバーガー(hamburger) 햄버거

---

2 [n](ㄴ)으로 발음하는 경우 ➡ 「ん」 뒤에 「さ·ざ·た·だ·な·ら」행의 음이 올 때

> 예 　まんぞく(満足) 만족 　　　はんたい(反対) 반대
> 　　　こんど(今度) 이번, 다음 번 　おんな(女) 여자
> 　　　べんり(便利) 편리 　　　　ヒント(hint) 힌트

---

3 [ŋ](ㅇ)으로 발음하는 경우 ➡ 「ん」 뒤에 「か·が」행의 음이 올 때

> 예 　げんき(元気) 건강함 　　　にほんご(日本語) 일본어
> 　　　まんが(漫画) 만화 　　　　かんこく(韓国) 한국

---

4 [n](ㄴ)과 [ŋ](ㅇ)의 중간으로 발음하는 경우 ➡ 「ん」이 단어 끝에 오거나 뒤에 「あ·は·や·わ」행의 음이 올 때

> 예 　れんあい(恋愛) 연애 　　　ほん(本) 책
> 　　　ほんや(本屋) 책방 　　　　でんわ(電話) 전화

제**3**과

あいさつ

학습 목표

1. 기본적인 인사법을 익힌다.

학습 포인트

1. 일본의 인사법

다음 상황에서 어떤 인사말을 할까요?

おはようございます。

おはよう。

こんにちは。

こんにちは。

こんばんは。

こんばんは。

さようなら。

失礼します。

じゃ、また。

신출 단어

おはようございます 안녕하세요(아침 인사)

おはよう 안녕(아침 인사)

こんにちは 안녕하세요(낮 인사)

こんばんは 안녕하세요(저녁 인사)

さようなら 안녕히 가세요

じゃ、また 그럼, 또 (만나요)

しつれい
失礼します 실례합니다

신출 단어

どうも 정말, 참, 매우

いいえ 아니요

どうぞ 어서

おめでとうございます 축하합니다

おやすみなさい 안녕히 주무세요

すみません 죄송합니다

だいじょうぶです 괜찮습니다

どうも 감사합니다

ありがとうございます 감사합니다

おやすみ 잘 자

いってきます 다녀오겠습니다

ただいま 다녀왔습니다

いただきます 잘 먹겠습니다

いっていらっしゃい 다녀오세요

おかえりなさい 어서 오세요

ごちそうさまでした 잘 먹었습니다

제 **4** 과

はじめまして

학습 목표

1. 처음 만난 사람에게 자기소개 하는 방법을 익힌다.

학습 포인트

1. 私_{わたし}は金_{キム}ジホです。
2. 金_{キム}さんは中国人_{ちゅうごくじん}ですか。
3. 中国人_{ちゅうごくじん}ではありません。
4. 佐藤_{さとう}さんも大学生_{だいがくせい}ですか。

高田先生　こんにちは。こちらは留学生の金さんです。

金ジホ　はじめまして。私は金ジホです。

　　　　よろしくおねがいします。

佐藤　はじめまして、佐藤香です。

　　　こちらこそ、どうぞよろしく。
　　　金さんは中国人ですか。

金ジホ　いいえ、私は中国人ではありません。
　　　　韓国人です。

佐藤　あ、そうですか。
　　　金さんは大学何年生ですか。

金ジホ　韓国大学の三年生です。
　　　　佐藤さんも大学生ですか。

佐藤　いいえ、私は大学院生です。

신출 단어

<ruby>先生<rt>せんせい</rt></ruby> 선생님	こちら 이쪽	～は ～은/는
<ruby>留学生<rt>りゅうがくせい</rt></ruby> 유학생	～の ～의, ～인	～さん ～씨
～です ～입니다	はじめまして 처음 뵙겠습니다	<ruby>私<rt>わたし</rt></ruby> 나
よろしく 잘 (무탁합니나)	おねがいします 부탁합니나	こちらこそ 저야밀로
どうぞ 아무쪼록	<ruby>中国人<rt>ちゅうごくじん</rt></ruby> 중국인	～ですか ～입니까?
いいえ 아니요	～ではありません ～이/가 아닙니다	<ruby>韓国人<rt>かんこくじん</rt></ruby> 한국인
あ 아(감탄사)	そうですか 그렇습니까?	<ruby>大学<rt>だいがく</rt></ruby> 대학
<ruby>何年生<rt>なんねんせい</rt></ruby> 몇 학년	<ruby>韓国大学<rt>かんこくだいがく</rt></ruby> 한국대학	<ruby>三年生<rt>さんねんせい</rt></ruby> 삼학년
～も ～도	<ruby>大学生<rt>だいがくせい</rt></ruby> 대학생	<ruby>大学院生<rt>だいがくいんせい</rt></ruby> 대학원생

문형 포인트

1 **はじめまして** 처음 뵙겠습니다

はじめまして。木村^{き むら}です。

はじめまして。金^{キム}・ユリです。

はじめまして。スミスです。

2 **〜は〜です** ~은/는 ~입니다

긍정의 정중표현이다. 「は」는 조사로 쓰일 때 [wa]로 읽는다.

私^{わたし}は大学生^{だいがくせい}です。

私^{わたし}は会社員^{かいしゃいん}です。

私^{わたし}は韓国人^{かんこくじん}です。

3 **〜は〜ですか** ~은/는 ~입니까?

상대방에게 정중하게 묻는 표현이다.

金^{キム}さんは大学生^{だいがくせい}ですか。

山田^{やま だ}さんは先生^{せんせい}ですか。

朴^{パク}さんは会社員^{かいしゃいん}ですか。

4 〜ではありません 〜은/는 〜이/가 아닙니다

부정의 정중표현이다.

私は会社員ではありません。

私は先生ではありません。

私は日本人ではありません。

5 〜も〜です 〜도 〜입니다

같은 사항이 그 밖에도 또 있음을 나타낸다.

私も大学生です。

私も韓国人です。

金さんも会社員です。

6 のの 용법

「체언+の+체언」의 형식으로 두 성분의 다양한 의미관계를 나타낸다.
한국어와 달리 일본어에서는 명사와 명사 사이에 「の」가 들어간다.

佐藤さんは韓国大学の先生です。(소속)

日本語の本 (속성)

留学生の李さん (동격)

신출 단어

会社員 회사원　　　**日本人** 일본인　　　**日本語** 일본어

本 책

문형 연습

1 예 와 같이 문장을 완성하세요.

> 예 佐藤さん・日本人 ➡ 佐藤さんは日本人です。

1) 李さん・留学生 ➡ _____

2) 山田さん・会社員 ➡ _____

3) 佐藤さん・先生 ➡ _____

4) 金さん・大学院生 ➡ _____

2 예 와 같이 문장을 완성하세요.

> 예 日本語・先生 ➡ 日本語の先生です。

1) 日本大学・三年生 ➡ _____

2) 韓国大学・学生 ➡ _____

3) 友だち・木村さん ➡ _____

4) 留学生・チンさん ➡ _____

3 예와 같이 문형을 바꾸어 써 보세요.

> 예 りさんは韓国人です。 ➡ りさんは韓国人ですか。
>
> ➡ りさんは韓国人ではありません。

1) チンさんは中国語の先生です。

   ➡ _____

   ➡ _____

2) 佐藤さんは日本語の先生です。

   ➡ _____

   ➡ _____

3) 李さんは韓国大学の大学院生です。

   ➡ _____

   ➡ _____

4) 朴さんはチンさんの友だちです。

   ➡ _____

   ➡ _____

5) 山田さんは会社員です。

   ➡ _____

   ➡ _____

신출 단어

日本大学 일본대학　　学生 학생　　友だち 친구　　中国語 중국어

1 **예**의 밑줄 친 말을 바꿔서 연습해 보세요.

> **예** A: はじめまして。a <ruby>佐藤<rt>さ とう</rt></ruby>です。よろしくおねがいします。
>
> B: はじめまして。b <ruby>朴<rt>バク</rt></ruby>ミンスです。
> こちらこそ、どうぞよろしく。

1) a スミス　　　　　　b <ruby>崔<rt>チェ</rt></ruby>スジン

2) a <ruby>木村<rt>き むら</rt></ruby>　　　　　　b <ruby>李<rt>イ</rt></ruby>スギョン

3) a <ruby>山田<rt>やま だ</rt></ruby>　　　　　　b <ruby>金<rt>キム</rt></ruby>ミヨン

2 **예**의 밑줄 친 말을 바꿔서 말해 보세요. Track 23

> **예** A: <ruby>佐藤<rt>さ とう</rt></ruby>さんは a <ruby>大学生<rt>だいがくせい</rt></ruby>ですか。
>
> B: いいえ、a <ruby>大学生<rt>だいがくせい</rt></ruby>ではありません。b <ruby>会社員<rt>かいしゃいん</rt></ruby>です。

1) a <ruby>会社員<rt>かいしゃいん</rt></ruby>　　　　　b <ruby>大学生<rt>だいがくせい</rt></ruby>

2) a <ruby>大学院生<rt>だいがくいんせい</rt></ruby>　　　b <ruby>大学三年生<rt>だいがくさんねんせい</rt></ruby>

3) a <ruby>中国語<rt>ちゅうごく ご</rt></ruby>の<ruby>先生<rt>せんせい</rt></ruby>　　b <ruby>日本語<rt>に ほん ご</rt></ruby>の<ruby>先生<rt>せんせい</rt></ruby>

작문 연습

1 다음 질문에 대한 답을 써 보세요.

1) あなたは留学生ですか。

　➡ _____

2) あなたは何大学の学生ですか。

　➡ _____

3) あなたは大学何年生ですか。

　➡ _____

4) あなたは日本人ですか。

　➡ _____

신출 단어

あなた 당신

何大学 무슨 대학

一年生 1학년

二年生 2학년

四年生 4학년

1 녹음된 내용을 잘 듣고 ( ) 안을 채우세요.

1) はじめまして。私は金ジホです。( )します。

2) はじめまして、佐藤です。( )、どうぞよろしく。

3) いいえ、私は中国人ではありません。( )です。

4) あ、そうですか。金さんは大学( )ですか。

2 녹음된 내용을 잘 듣고 대답해 보세요.

1) 金ジホさんは大学何年生ですか。

➡ _____

2) 佐藤さんは大学生ですか。

➡ _____

제 5 과

これは韓国のお土産です

학습 목표

1. 전공에 대해 묻고 대답할 수 있다.
2. 사물을 가리키는 지시어(지시대명사, 연체사)를 익힌다.

학습 포인트

1. それは何ですか。

2. これはのりです。

3. 専攻は何ですか。

4. この本はだれのですか。

회화I

튜터와 연구실에서

 Track 26

金ジホ 佐藤さん、こんにちは。

佐藤 あ、こんにちは。

(책상 위에 있는 책을 보면서) この本はだれのですか。

金ジホ それはぼくのです。

佐藤 これは何の本ですか。

金ジホ それは専攻の本です。

佐藤 金さんの専攻は何ですか。

金ジホ 私の専攻は電子工学です。

佐藤さんの専攻は何ですか。

佐藤 私の専攻は日本語学です。

キム
金ジホ (전해주면서) 高田先生、これ、どうぞ。

たか だ せんせい
高田先生 え、これは何ですか。

キム
金ジホ それは韓国のお土産です。

たか だ せんせい
高田先生 あら、これは韓国ののりとお菓子ですね。

どうもありがとう。いただきます。

신출 단어

この 이	**だれ** 누구	**〜の** 〜의 것
それ 그것	**ぼく** 나(주로 젊은 남자가 사용하는 1인칭 호칭)	
これ 이것	**何の** 무슨	**専攻** 전공
何 무엇	**電子工学** 전자공학	**日本語学** 일본어학
え 어(감탄사)	**お土産** 토산품, 선물	**あら** 이야(감탄사)
のり 김	**〜と** 〜와/과	**お菓子** 과자
〜ね 〜군요, 〜지요, 〜네요	**いただきます** 잘 받겠습니다, 잘 먹겠습니다	

こそあど의 용법

화자와 지시 대상과의 거리에 따라 사물을 가리키는 지시어(지시대명사, 연체사)는 각각 다음과 같이 쓰인다.

① 지시대명사

		사물 (~것)
근칭 (이)	これ	**이것** (말하는 사람이 자기 쪽에 있는 물건을 가리킬 때)
중칭 (그)	それ	**그것** (말하는 사람이 듣는 사람 쪽의 물건을 가리킬 때)
원칭 (저)	あれ	**저것** (말하는 사람이 듣는 사람이나 자기 쪽 모두에게서 떨어져 있는 물건을 가리킬 때)
부정칭 (어느)	どれ	**어느 것** (어느 것인지 확실하지 않을 때)

A: それは何ですか。

B: これは私の本です。

A: これは何ですか。

B: それはスマホです。

A: あれは何ですか。

B: あれは時計です。

② **연체사**

この 이	その 그	あの 저	どの 어느

A: この本はだれの本ですか。

B: その本は佐藤さんの本です。

A: あの人はだれですか。

B: あの人は金さんです。

A: 佐藤さんのかさはどのかさですか。

B: 私のはこのかさです。

2 ～は何ですか　～은/는 무엇입니까?

물건이나 사항에 대해 궁금할 때 쓰는 표현이다.

A: 専攻は何ですか。

B: 私の専攻は日本語です。

A: これは何ですか。

B: それは韓国のお土産です。

3 ～と　～와/과

本とノート

えんぴつとシャーペン

りんごとすいか

4 〜の ～의 것

소유대명사「の」로 소유의 의미를 강하게 나타낸다.

これは私<small>わたし</small>のです。

それはだれのですか。

田中<small>た なか</small>さんのです。

5 〜ね ～군요, ～지요, ～네요

종조사로 가벼운 감동이나 상대의 동의를 구하거나 확인할 때 쓰인다.

韓国<small>かんこく</small>のお土産<small>みやげ</small>ですね。(감동)

金<small>キム</small>さんの専攻<small>せんこう</small>は日本語学<small>に ほん ご がく</small>ですね。(확인)

신출 단어

スマホ 스마트폰	時計<small>と けい</small> 시계	人<small>ひと</small> 사람
かさ 우산	ノート 노트	えんぴつ 연필
シャーペン 샤프펜슬	りんご 사과	すいか 수박

문형 연습

1 **예** 와 같이 ( ) 안의 조건에 맞게 대답해 보세요.

> **예** これは何ですか。(それ、ボールペン)
>
> ➡ <u>それ</u>は<u>ボールペン</u>です。

1) これは何ですか。(それ、えんぴつ)

   ➡ _____

2) それは何ですか。(これ、シャーペン)

   ➡ _____

3) それは何ですか。(これ、時計)

   ➡ _____

4) あれは何ですか。(あれ、スマホ)

   ➡ _____

5) これは何ですか。(それ、日本語のテキスト)

   ➡ _____

2 예 와 같이 바꾸어 써 보세요.

> 예 これは李さんのノートです。
>
> ➡ このノートは李さんのです。

1) あれは先生のパソコンです。

➡ _____

2) あれは田中さんのスマホです。

➡ _____

3) これは金さんのボールペンです。

➡ _____

4) それは朴さんの時計です。

➡ _____

5) これはだれのかさですか。

➡ _____

6) それはだれの本ですか。

➡ _____

신출 단어

ボールペン 볼펜　　　　　テキスト 텍스트　　　　　パソコン 퍼스널 컴퓨터

1 예 의 밑줄 친 말을 바꿔서 연습해 보세요.

> 예 A: これは何^{なん}ですか。
>
> B: それは、a スマホです。
>
> A: だれのですか。
>
> B: b 私^{わたし}のです。

1) a 英語^{えいご}の本^{ほん}　　　　b 木村^{きむら}さんの

2) a 日本語^{にほんご}のテキスト　　b 先生^{せんせい}の

3) a 韓国^{かんこく}のお土産^{みやげ}　　b 佐藤^{さとう}さんの

4) a 専攻^{せんこう}の本^{ほん}　　　　b 李^イさんの

신출 단어

英語^{えいご} 영어

2 예의 밑줄 친 말을 바꿔서 말해 보세요.

mp3 Track 29

> 예 A: a <u>これ</u>は佐藤さんの　b <u>本</u>ですか。
>
> B: いいえ、c <u>それ</u>は佐藤さんのではありません。
>
> A: じゃ、佐藤さんのはどれですか。
>
> B: 佐藤さんのは　d <u>これ</u>です。

1) a これ　　　　b 　　　c それ　　　　d これ

2) a それ　　　　b　　　　　　　　　c これ　　　　d あれ

3) a それ　　　　b 　　　c これ　　　　d あれ

4) a あれ　　　　b　　　　　　　　　c あれ　　　　d これ

작문 연습

1 다음 문장을 일본어로 바꾸어 써 보세요.

1) 그 책은 내 것이 아닙니다. 사토 씨의 것입니다.

⇒ _____

2) 이것은 사토 씨의 우산입니다. 기무라 씨의 우산은 어느 것입니까?

⇒ _____

3) 그 선물은 당신의 것이 아닙니다. 당신 것은 저것입니다.

⇒ _____

4) 그것은 사토 씨의 볼펜입니다. 이것은 누구의 볼펜입니까?

⇒ _____

청해 **연습**

1 녹음된 내용을 잘 듣고 ( ) 안을 채우세요.

1) 金<ruby>キム</ruby>ジホさんの( )は( )です。

2) 佐<ruby>さ</ruby>藤<ruby>とう</ruby>さんの( )は( )です。

3) 高<ruby>たか</ruby>田<ruby>だ</ruby>先<ruby>せんせい</ruby>生、これ、( )。

4) これは( )です。

2 녹음된 내용을 잘 듣고 대답해 보세요.

1) 金<ruby>キム</ruby>ジホさんの本<ruby>ほん</ruby>は何<ruby>なん</ruby>の本<ruby>ほん</ruby>ですか。

➡ _____

2) 金<ruby>キム</ruby>ジホさんの韓<ruby>かんこく</ruby>国のお土<ruby>みやげ</ruby>産は何<ruby>なん</ruby>ですか。

➡ _____

제 6 과
あそこの建物は何ですか

<ruby>建<rt>たて</rt></ruby><ruby>物<rt>もの</rt></ruby>
<ruby>何<rt>なん</rt></ruby>

학습 목표

1. 사물의 존재 표현을 익힌다.
2. 장소, 방향을 나타내는 지시어와 위치 표현을 익힌다.

학습 포인트

1. あそこの建物は何ですか。
2. 何がありますか。
3. スーパーやレストランなどがあります。
4. トイレはどちらですか。

^{キム}
金ジホ　　あの、あそこの建物は何ですか。

^{さとう}
佐藤　　　ああ、あれはショッピングモールです。

^{キム}
金ジホ　　あのショッピングモールには何がありますか。

^{さとう}
佐藤　　　スーパーやレストランなどがあります。

^{キム}
金ジホ　　あ、そうですか。スーパーは何階ですか。

^{さとう}
佐藤　　　スーパーは一階にありますよ。

^{キム}
金ジホ　　あ、今お金がありませんね。
　　　　　この近くに銀行もありますか。

^{さとう}
佐藤　　　はい、ありますよ。

　　　　　あちらのスーパーのとなりにあります。

회화Ⅱ
쇼핑몰 안에서

^{キム}
金ジホ　　トイレはどちらですか。

^{さ とう}
佐藤　　　トイレはスーパーの中にあります。

^{キム}
金ジホ　　ありがとうございます。

신출 단어

あの 저(감탄사)

ああ 아아(감탄사)

～が ～이/가

～や ～랑

あります 있습니다(사물)

^{いっかい}
一階 일층

^{かね}
お金 돈

^{ぎんこう}
銀行 은행

となり 이웃, 옆

^{なか}
中 안

あそこ 저기, 저쪽

ショッピングモール 쇼핑몰

ありますか 있습니까?(사물)

レストラン 레스토랑

そうですか 그렇습니까?

～よ ～요

ありません 없습니다

はい 예, 네

トイレ 화장실

^{たてもの}
建物 건물

～には ～에는

スーパー 슈퍼마켓

など 등(열거)

^{なんがい}
何階 넺 층(なんかい라고도 힘)

^{いま}
今 지금

^{ちか}
近く 근처, 부근

あちら 저쪽

どちら 어느 쪽

문형 포인트

1 **지시어**

장소와 방향을 나타내는 지시어는 다음과 같다.

지시대명사 (장소)	ここ 여기	そこ 거기	あそこ 저기	どこ 어디
지시대명사 (방향)	こちら 이쪽	そちら 그쪽	あちら 저쪽	どちら 어느 쪽

A: この建物は何ですか。

B: ここはマンションです。

A: 薬屋はどこですか。

B: あそこです。あのビルの二階です。

A: トイレはどちらですか。

B: あちらです。

2 **何 (なん／なに)** 무엇, 몇

「何」 다음에 오는 단어의 어두가 た행, だ행, な행일 때나 조수사(「本, 台, 枚」 등)가 붙어 있을 때는 「なん」으로 읽고, 그 외의 경우에는 「なに」로 읽는다.

トイレは何階ですか。[何 뒤에 조수사]

そこに何がありますか。[何 뒤가 が행]

～が ～이/가

동작의 주체나 어떤 성질의 수제를 나타낼 때 쓰는 조사이다.

ここがミョンドンです。

こちらがキムさんです。

あそこに私のノートパソコンがあります。

4 사물의 존재 표현

존재를 나타내는 표현은 존재 대상에 따라서 두 가지로 나뉘는데, 다음과 같이 사물일 경우는 「あります」, 사람과 동물일 경우에는 「います」로 나타낸다.

	있습니다	없습니다
사물의 존재 표현	あります	ありません
사람·동물의 존재 표현	います	いません

A: 机の上には何がありますか。

B: パソコンがあります。

A: そこに何かありますか。

B: いいえ、何もありません。

신출 단어

マンション 맨션, 아파트

薬屋 약국

ビル 빌딩

二階 2층

ミョンドン 명동 (지명)

ノートパソコン 노트북

机 책상

上 위

何か 무언가

何も 아무 것도

5 위치명사

위 うえ (上)	앞 まえ (前)	안 なか (中)
아래 した (下)	뒤 うしろ (後ろ)	밖 そと (外)
오른쪽 みぎ (右)	옆 そば (側)	옆, 이웃 となり (隣)
왼쪽 ひだり (左)	옆 よこ (横)	

<ruby>車<rt>くるま</rt></ruby>は<ruby>食堂<rt>しょくどう</rt></ruby>の<ruby>前<rt>まえ</rt></ruby>にあります。

<ruby>図書館<rt>としょかん</rt></ruby>は<ruby>学生会館<rt>がくせいかいかん</rt></ruby>の<ruby>後<rt>うし</rt></ruby>ろにあります。

コンビニは<ruby>銀行<rt>ぎんこう</rt></ruby>のとなりにあります。

6 명사 + や + 명사

한국어의 「와/과」에 해당하는 「と」와 마찬가지로 조사 「や」도 명사와 명사를 연결하여 나열하는 의미를 나타내는데, 「と」가 모든 것을 열거하는데 비해 「や」는 많은 것 중 두세 개를 택해서 열거하는 점이 다르다.

A: <ruby>冷蔵庫<rt>れいぞうこ</rt></ruby>の<ruby>中<rt>なか</rt></ruby>に<ruby>何<rt>なに</rt></ruby>がありますか。

B: <ruby>冷蔵庫<rt>れいぞうこ</rt></ruby>の<ruby>中<rt>なか</rt></ruby>にはバナナやりんごなどがあります。

A: <ruby>机<rt>つくえ</rt></ruby>の<ruby>上<rt>うえ</rt></ruby>には<ruby>何<rt>なに</rt></ruby>がありますか。

B: <ruby>机<rt>つくえ</rt></ruby>の<ruby>上<rt>うえ</rt></ruby>にはえんぴつやパソコンなどがあります。

7 ～よ ～요

단정하여 주장하거나 정보를 알려줄 때 사용하는 종조사이다.

<ruby>銀行<rt>ぎんこう</rt></ruby>はあそこですよ。

トイレはスーパーの<ruby>中<rt>なか</rt></ruby>にありますよ。

8 일본어의 숫자

一	二	三	四	五
いち	に	さん	し·よ·よん	ご
六	七	八	九	十
ろく	しち·なな	はち	く·きゅう	じゅう

9 조수사 (1)

건물의 층			
1階	いっかい	6階	ろっかい
2階	にかい	7階	ななかい
3階	さんがい さんかい	8階	はっかい
4階	よんかい	9階	きゅうかい
5階	ごかい	10階	じゅっかい
何階 なんがい・なんかい			

신출 단어

<ruby>車<rt>くるま</rt></ruby> 차
<ruby>学生会館<rt>がくせいかいかん</rt></ruby> 학생회관
バナナ 바나나

<ruby>食堂<rt>しょくどう</rt></ruby> 식당
コンビニ 편의점

<ruby>図書館<rt>としょかん</rt></ruby> 도서관
<ruby>冷蔵庫<rt>れいぞうこ</rt></ruby> 냉장고

문형 **연습**

1　예 와 같이 바꾸어서 말해 보세요.

> 예　トイレはこちらです。
>
> ➡　　トイレはこちらにあります。

1) 銀行はコンビニの右です。
   ➡ _____

2) お手洗いはあちらです。
   ➡ _____

3) 教室はあそこです。
   ➡ _____

4) 図書館はどこですか。
   ➡ _____

5) レストランはあの建物の中です。
   ➡ _____

6) 薬屋は食堂の前ですか。
   ➡ _____

2 예 와 같이 문장을 완성하세요.

> 예 トイレ・この建物（たてもの）の中（なか）
>
> → <u>トイレ</u>はこの建物（たてもの）の中（なか）にあります。
>
> → <u>トイレ</u>はこの建物（たてもの）の中（なか）にありません。

1) パソコン・机（つくえ）の上（うえ）

⇒ _____

⇒ _____

2) レストラン・銀行（ぎんこう）のとなり

⇒ _____

⇒ _____

3) 学生会館（がくせいかいかん）・図書館（としょかん）の後（うし）ろ

⇒ _____

⇒ _____

4) スーパー・銀行（ぎんこう）の近（ちか）く

⇒ _____

⇒ _____

5) 薬屋（くすりや）・ショッピングモールの前（まえ）

⇒ _____

⇒ _____

신출 단어

お手洗（てあら）い 화장실　　　教室（きょうしつ） 교실

회화 연습

1 例 의 밑줄 친 말을 바꿔서 말해 보세요.

> 例 A: a <u>机の上</u>に何がありますか。
>
> B: b <u>ノートやボールペンなど</u>があります。

1) a 部屋の中　　　　　b 机や椅子やベッドなど

2) a あのビルの中　　　b レストランやコンビニなど

3) a 冷蔵庫の中　　　　b りんごやジュースなど

4) a 銀行のとなり　　　b 薬屋と本屋

신출 단어

部屋 방　　　　　　椅子 의자　　　　　ベッド 베드, 침대

ジュース 주스　　　本屋 서점　　　　　壁 벽

テーブル 테이블　　電話 전화　　　　　かばん 가방

かびん 꽃병　　　　絵 그림

2 그림을 보며 질문에 답하세요.

1) 壁には何がありますか。

   ➡ _____

2) テーブルの上には何がありますか。

   ➡ _____

3) 電話はどこにありますか。

   ➡ _____

4) かばんはどこにありますか。

   ➡ _____

5) 机の上には何がありますか。

   ➡ _____

6) ベッドはどこにありますか。

   ➡ _____

1 다음 질문에 대답해 보세요.

1) あなたの部屋の中には何がありますか。

➡ _____

2) あなたの家の近くには何がありますか。

➡ _____

3) 学校の中には何がありますか。

➡ _____

4) 学校のそばには何がありますか。

➡ _____

1 녹음된 내용을 잘 듣고 ( ) 안을 채우세요.

1) あの( )には<ruby>何<rt>なに</rt></ruby>がありますか。

2) スーパーや( )などがあります。

3) ( )がありませんね。この<ruby>近<rt>ちか</rt></ruby>くに( )も
ありますか。

4) あちらのスーパーの( )にあります。

2 녹음된 내용을 잘 듣고 대답해 보세요.

1) スーパーはどこにありますか。

　➡ _____

2) <ruby>銀行<rt>ぎんこう</rt></ruby>はどこにありますか。

　➡ _____

제 **7** 과

いくらですか

학습 목표

1. 물건을 살 때 쓰는 표현과 수사를 익힌다.

학습 포인트

1. いくらですか。
2. このお弁当を一つください。

店員
てんいん
いらっしゃいませ。

金ジホ
キム
お弁当はどこにありますか。
べんとう

店員
てんいん
お弁当ですか。そちらです。
べんとう

(도시락을 꺼내 와서)

金ジホ
キム
お弁当はいくらですか。
べんとう

店員
てんいん
470円です。
よんひゃくななじゅうえん

金ジホ
キム
では、このお弁当を一つください。
べんとう　　ひと

それから、このお茶はいくらですか。
ちゃ

店員
てんいん
お茶は一本120円です。
ちゃ　いっぽんひゃくにじゅうえん

金ジホ
キム
お茶も二本ください。全部でいくらですか。
ちゃ　にほん　　　　　ぜんぶ

店員
てんいん
お弁当一つとお茶二本で、合計710円です。
べんとうひと　　ちゃにほん　ごうけいななひゃくじゅうえん

金ジホ
キム
じゃ、1000円で。
せん　えん

店員（てんいん）　はい、1000円（せんえん）お預（あず）かりします。
　　　　　　　290円（にひゃくきゅうじゅうえん）のお返（かえ）しです。
　　　　　　　毎度（まいど）ありがとうございます。

店員（てんいん） 점원	いらっしゃいませ 어서 오세요	お弁当（べんとう） 도시락
いくら 얼마	～円（えん） ～엔	では 그럼
一つ（ひと） 하나	ください 주세요	それから 그러고 나서, 그리고
お茶（ちゃ） 차	一本（いっぽん） 한 병	二本（にほん） 두 병
全部（ぜんぶ） 전부	～で ～해서	合計（ごうけい） 합계
お預（あず）かりします 받습니다	お返（かえ）し 거스름돈	毎度（まいど） 매번

문형 포인트

1 **いくらですか** 얼마입니까?

가격, 무게, 양에 대해서 물을 때 사용한다.

このりんごいくらですか。

ホットコーヒーはいくらですか。

アイスクリームはいくらですか。

2 **～で** ~해서

수량, 가격, 시간을 나타내는 말과 같이 쓰여서 한정이나 합계를 나타낸다.

全部_{ぜんぶ}でいくらですか。

後_{あと}でおねがいします。

3 **(～を)ください** (~을) 주세요

물건을 살 때 원하는 것을 말하거나 식당에서 주문할 때 「(～を)ください」를 쓴다.

ハンバーガーとコーラください。

ケーキとコーヒーください。

すみません。お水_{みず}ください。

신출 단어

ホットコーヒー 뜨거운 커피	**アイスクリーム** 아이스크림	**後_{あと}で** 나중에
ハンバーガー 햄버거	**コーラ** 콜라	**ケーキ** 케이크
すみません 실례합니다, 죄송합니다	**お水_{みず}** 물, 냉수	

4 일본어의 수사

0	ゼロ・れい			고유수사				
1	いち	ひとつ	10	じゅう	100	ひゃく	1000	せん
2	に	ふたつ	20	にじゅう	200	にひゃく	2000	にせん
3	さん	みっつ	30	さんじゅう	300	さんびゃく	3000	さんぜん
4	し・よん・よ	よっつ	40	よんじゅう	400	よんひゃく	4000	よんせん
5	ご	いつつ	50	ごじゅう	500	ごひゃく	5000	ごせん
6	ろく	むっつ	60	ろくじゅう	600	ろっぴゃく	6000	ろくせん
7	しち・なな	ななつ	70	しちじゅう・ななじゅう	700	ななひゃく	7000	ななせん
8	はち	やっつ	80	はちじゅう	800	はっぴゃく	8000	はっせん
9	く・きゅう	ここのつ	90	きゅうじゅう	900	きゅうひゃく	9000	きゅうせん
10	じゅう	とお	100	ひゃく	1000	せん	10000	いちまん

5 조수사 (2)

개수(個) ~개		가늘고 긴 물건(本) ~자루, ~병		얇은 물건(枚) ~장		권(冊) ~권	
1個	いっこ	1本	いっぽん	1枚	いちまい	1冊	いっさつ
2個	にこ	2本	にほん	2枚	にまい	2冊	にさつ
3個	さんこ	3本	さんぼん	3枚	さんまい	3冊	さんさつ
4個	よんこ	4本	よんほん	4枚	よんまい	4冊	よんさつ
5個	ごこ	5本	ごほん	5枚	ごまい	5冊	ごさつ
6個	ろっこ	6本	ろっぽん	6枚	ろくまい	6冊	ろくさつ
7個	ななこ	7本	ななほん	7枚	ななまい	7冊	ななさつ
8個	はっこ	8本	はっぽん	8枚	はちまい	8冊	はっさつ
9個	きゅうこ	9本	きゅうほん	9枚	きゅうまい	9冊	きゅうさつ
10個	じゅっこ	10本	じゅっぽん・じっぽん	10枚	じゅうまい	10冊	じゅっさつ
11個	じゅういっこ	11本	じゅういっぽん	11枚	じゅういちまい	11冊	じゅういっさつ
12個	じゅうにこ	12本	じゅうにほん	12枚	じゅうにまい	12冊	じゅうにさつ
何個	なんこ	何本	なんぼん	何枚	なんまい	何冊	なんさつ

문형 연습

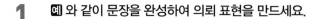

1 例와 같이 문장을 완성하여 의뢰 표현을 만드세요.

> 例　お<ruby>弁当<rt>べんとう</rt></ruby>・<ruby>一<rt>ひと</rt></ruby>つ　➡　お<ruby>弁当<rt>べんとう</rt></ruby>を<u>一<rt>ひと</rt>つ</u>ください。

1) えんぴつ・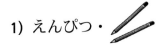

　➡　_____

2) りんご・

　➡　_____

3) ノート・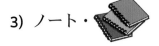

　➡　_____

4) ハンカチ・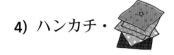

　➡　_____

2 예와 같이 문장을 완성하세요.

예 ノート3冊<ruby>さんさつ</ruby>・えんぴつ3本<ruby>さんぼん</ruby>・620円<ruby>ろっぴゃくにじゅうえん</ruby>

➡ <u>ノート3冊<ruby>さんさつ</ruby>とえんぴつ3本<ruby>さんぼん</ruby>で620円<ruby>ろっぴゃくにじゅうえん</ruby></u>です。

1) りんご 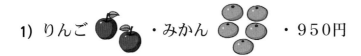 ・みかん ・950円

➡ _____

2) えんぴつ ・ボールペン 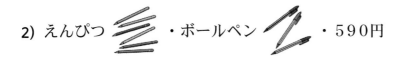 ・590円

➡ _____

3) ハンカチ ・タオル 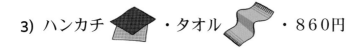 ・860円

➡ _____

4) ホットコーヒー ・チーズケーキ 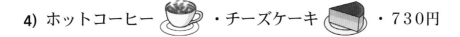 ・730円

➡ _____

신출 단어

ハンカチ 손수건   みかん 귤   タオル 타월, 수건   チーズケーキ 치즈케이크

회화 연습

1 예 의 밑줄 친 말을 바꿔서 연습해 보세요.

> 예 A: この a りんごはいくらですか。
>
> B: b 一<small>ひと</small>つ１２０円<small>ひゃくにじゅうえん</small>です。
>
> A: じゃ、この a りんごを c 三<small>みっ</small>つください。
>
> B: はい、a りんご c 三<small>みっ</small>つで d ３６０円<small>さんびゃくろくじゅうえん</small>です。

1) a ノート   b １冊８０円   c ５冊   d ４００円

2) a えんぴつ   b １本４０円   c ６本   d ２４０円

3) a ハンカチ   b １枚２００円   c ３枚   d ６００円

2 예 의 밑줄 친 말을 바꿔서 말해 보세요.

> 예 A: a かさありますか。
>
> B: はい、b １０００円<small>せんえん</small>のと c ６００円<small>ろっぴゃくえん</small>のがあります。
>
> A: b １０００円<small>せんえん</small>のを d １本<small>いっぽん</small>ください。
>
> B: はい、a かさ d １本<small>いっぽん</small>で e １０００円<small>せんえん</small>です。

1) a タオル   b ４５０円   c ５００円   d ２枚   e ９００円

2) a ノート   b １２０円   c １８０円   d ３冊   e ３６０円

3) a チーズケーキ   b ３００円   c ３８０円   d 二つ   e ６００円

작문 연습

1 다음 질문에 대답해보세요.

1) あなたのかばんの中_{なか}には本_{ほん}とノートが何冊_{なんさつ}ありますか。

➡ _____

2) あなたのかばんはいくらですか。

➡ _____

3) えんぴつとボールペンは何本_{なんぼん}ありますか。

➡ _____

4) えんぴつとボールペンは全部_{ぜんぶ}でいくらですか。

➡ _____

1 녹음된 내용을 잘 듣고 ( ) 안을 채우세요.

1) お弁当を一つください。(　　　　　　　)、このお茶はいくらで

すか。

2) お茶も(　　　　　　)ください。(　　　　　　)いくらですか。

3) お弁当一つとお茶二本で、(　　　　　　　　)です。

4) 1000円(　　　　　　)します。 290円の(　　　　　)です。

2 녹음된 내용을 잘 듣고 대답해보세요.

1) お弁当とお茶はそれぞれいくらですか。

　➡ _____

2) 1000円からのお返しはいくらですか。

　➡ _____

신출 단어

それぞれ 각각

제 8 과
<ruby>何<rt>なん</rt></ruby><ruby>人<rt>にん</rt></ruby><ruby>家<rt>か</rt></ruby><ruby>族<rt>ぞく</rt></ruby>ですか

학습 목표

1. 가족에 대해 묻고 대답할 수 있다.
2. 사람과 동물의 존재 표현에 대해 익힌다.

학습 포인트

1. ご<ruby>両親<rt>りょうしん</rt></ruby>はどこにいますか。
2. <ruby>何<rt>なん</rt></ruby><ruby>人<rt>にん</rt></ruby><ruby>家<rt>か</rt></ruby><ruby>族<rt>ぞく</rt></ruby>ですか。

（휴대폰 사진을 보여주면서）

佐藤 これが私の母です。

今日は母の誕生日です。

金ジホ あ、そうですか。

佐藤さんのご両親はどちらですか。

佐藤 両親は大阪にいます。

金ジホ 佐藤さんは何人兄弟ですか。

佐藤 私は一人っ子です。

ジホさんは何人家族ですか。

金ジホ 私は五人家族です。

父と母と妹と弟と私です。

<table>
<tr><td>佐藤</td><td>ジホさんが長男ですね。
妹さんはおいくつですか。</td></tr>
<tr><td>金ジホ</td><td>妹は今年18歳で、今アメリカにいます。</td></tr>
<tr><td>佐藤</td><td>あ、そうですか。
弟さんは韓国にいますか。</td></tr>
<tr><td>金ジホ</td><td>はい、います。
今高校2年生です。</td></tr>
</table>

신출 단어

母 (나의) 어머니
ご両親 부모님
何人 몇 명
家族 가족
妹 (나의) 여동생
妹さん (남의) 여동생
18歳 18살
アメリカ 미국
高校 고등학교

今日 오늘
大阪 오사카(지명)
兄弟 형제
五人 5명
弟 (나의) 남동생
おいくつ 몇 살
〜歳 〜살, 〜세(나이)
弟さん (남의) 남동생

誕生日 생일
います 있습니다(사람·동물)
一人っ子 외동(아들, 딸)
父 (나의) 아버지
長男 장남
今年 올해
〜で 〜이고
いますか 있습니까?(사람·동물)

문형 포인트

 사람·동물의 존재 표현

존재를 나타내는 표현은 존재 대상에 따라 두 가지로 나뉘는데, 사람과 동물일 경우에는 「います」로 나타내고, 사물일 경우에는 「あります」로 나타낸다.

	있습니다	없습니다
사람·동물의 존재 표현	います	いません
사물의 존재 표현	あります	ありません

私の家には犬が一匹います。

クラスに中国人が3人います。

部屋の中にはだれもいません。

2 가족의 호칭

	자기 가족	남의 가족	직접 부를 때
아버지	父（ちち）	お父（とう）さん	お父（とう）さん
어머니	母（はは）	お母（かあ）さん	お母（かあ）さん
오빠, 형	兄（あに）	お兄（にい）さん	お兄（にい）さん
누나, 언니	姉（あね）	お姉（ねえ）さん	お姉（ねえ）さん
남동생	弟（おとうと）	弟（おとうと）さん	(なまえ)
여동생	妹（いもうと）	妹（いもうと）さん	(なまえ)
할아버지	祖父（そふ）	おじいさん	おじいさん
할머니	祖母（そぼ）	おばあさん	おばあさん
아저씨(숙부 등)	おじ	おじさん	おじさん
아주머니(숙모 등)	おば	おばさん	おばさん

3 조수사 (3)

~人(사람) ~명		~歳(나이) ~세, ~살		~匹(짐승, 물고기) ~마리	
1人	ひとり	1歳(いっさい)	一つ (ひとつ)	1匹	いっぴき
2人	ふたり	2歳(にさい)	二つ(ふたつ)	2匹	にひき
3人	さんにん	3歳(さんさい)	三つ(みっつ)	3匹	さんびき
4人	よにん	4歳(よんさい)	四つ(よっつ)	4匹	よんひき
5人	ごにん	5歳(ごさい)	五つ(いつつ)	5匹	ごひき
6人	ろくにん	6歳(ろくさい)	六つ(むっつ)	6匹	ろっぴき
7人	しちにん ななにん	7歳(ななさい)	七つ(ななつ)	7匹	ななひき
8人	はちにん	8歳(はっさい)	八つ(やっつ)	8匹	はっぴき はちひき
9人	きゅうにん くにん	9歳(きゅうさい)	九つ(ここのつ)	9匹	きゅうひき
10人	じゅうにん	10歳	じゅっさい	10匹	じゅっぴき じっぴき
11人	じゅういちにん	11歳	じゅういっさい	11匹	じゅういっぴき
12人	じゅうににん	20歳	はたち	12匹	じゅうにひき
何人	なんにん	何歳	なんさい	何匹	なんびき

4 ~で ~이고

두 문장을 하나로 묶는 표현이다.

男の人が3人で、女の人が2人です。

この人は山田さんで、私の友だちです。

コーヒーは2000ウォンで、ハンバーガーは3000ウォンです。

때를 나타내는 표현

おととい 一昨日	きのう 昨日	きょう 今日	あした　あす 明日(明日)	あさって 明後日	まいにち 毎日
그저께	어제	오늘	내일	모레	매일
せんせんしゅう 先々週	せんしゅう 先週	こんしゅう 今週	らいしゅう 来週	さらいしゅう 再来週	まいしゅう 毎週
지지난주	지난주	이번 주	다음 주	다다음 주	매주
せんせんげつ 先々月	せんげつ 先月	こんげつ 今月	らいげつ 来月	さらいげつ 再来月	まいつき　まいげつ 毎月(毎月)
지지난달	지난달	이번 달	다음 달	다다음 달	매달
おととし 一昨年	きょねん　さくねん 去年・昨年	ことし 今年	らいねん 来年	さらいねん 再来年	まいとし　まいねん 毎年(毎年)
재작년	작년	올해, 금년	내년	내후년	매년

신출 단어

いぬ
犬 개

クラス 반, 클래스

だれも 아무도

おとこ　ひと
男の人 남자

おんな　ひと
女の人 여자

～ウォン ～원

문형 **연습**

1 例 와 같이 문장을 완성하세요.

> **例** 教室(きょうしつ)・先生(せんせい)　➡　教室(きょうしつ)に先生(せんせい)がいます。
> ➡　教室(きょうしつ)に先生(せんせい)がいません。

1) 大阪(おおさか)・両親(りょうしん)

➡ _____

➡ _____

2) 図書館(としょかん)・学生(がくせい)たち

➡ _____

➡ _____

3) ソファーの上(うえ)・猫(ねこ)と犬(いぬ)

➡ _____

➡ _____

4) 日本(にほん)・妹(いもうと)と弟(おとうと)

➡ _____

➡ _____

5) 家(いえ)・父(ちち)と母(はは)

➡ _____

➡ _____

2 예와 같이 두 문장을 연결해서 말하세요.

> 예 父は会社員です。母は主婦です。
> ➡ 父は会社員で、母は主婦です。

1) 李さんは留学生です。李さんは韓国人です。

   ➡ _____

2) 兄は２０歳です。姉は１８歳です。

   ➡ _____

3) 弟は八つです。妹は九つです。

   ➡ _____

4) 私は会社員です。私は４人の子供の父です。

   ➡ _____

5) 私は一人っ子です。私は三人家族です。

   ➡ _____

신출 단어

学生たち 학생들   ～たち ～들   ソファー 소파

主婦 주부   子供 아이, 어린이

회화 연습

1 예 의 밑줄 친 말을 바꿔서 연습해 보세요.

> 예 A: a <u>クラス</u>に b <u>留学生</u>がいますか。
>
> B: はい、います。
>
> A: 何人いますか。
>
> B: c <u>4人</u>います。

1) a 部屋   b 子供たち   c 2人

2) a 教室   b 学生たち   c 30人ぐらい

3) a 食堂   b 女の人   c 15人ぐらい

4) a 図書館   b 大学の友だち   c 7人

신출 단어

子供たち 어린이들   ～くらい(ぐらい) ～정도, ～쯤

작문 연습

1 다음 질문에 답을 써 보세요.

1) あなたは<ruby>何人家族<rt>なんにん か ぞく</rt></ruby>ですか。

　➡ _____

2) <ruby>何人兄弟<rt>なんにんきょうだい</rt></ruby>ですか。

　➡ _____

3) おじいさんとおばあさんがいますか。<ruby>今<rt>いま</rt></ruby>、どこにいますか。

　➡ _____

4) おじいさんとおばあさんは、おいくつですか

　➡ _____

1 녹음된 내용을 잘 듣고 ( ) 안을 채우세요.

Track 44

1) 佐藤さんは( )ですか。

2) 私は( )です。家族は両親と私で三人です。

3) 私は( )で、父と母と妹と弟と私です。

4) 弟は今( )です。

2 녹음된 내용을 잘 듣고 대답해 보세요.

Track 45

1) 佐藤さんの兄弟は何人ですか。

➡ _____

2) ジホさんの妹さんは今何歳ですか。

➡ _____

MEMO

제9과

日本のラーメンは
おいしいです

に ほん

학습 목표

1. い형용사의 정중형, 명사수식형, 부정형을 익힌다.

학습 포인트

1. おいしいです。
2. 辛いのも辛くないのもあります。
から から
3. 韓国のラーメンはあまり高くありません。
かんこく たか

佐藤　日本のラーメンははじめてですか。

金ジホ　はい、はじめてです。

佐藤　味はどうですか。

金ジホ　おいしいですが、少し塩辛いですね。

佐藤　韓国にもラーメンがありますか。

金ジホ　はい、ありますよ。

佐藤　韓国のラーメンは辛いですか。

金ジホ　辛いのも辛くないのもあります。

佐藤　あ、そうですか。日本のラーメンはちょっと高い
ですが、韓国のラーメンはどうですか。

金ジホ　韓国のラーメンはあまり高くありません。

佐藤　日本のラーメンと韓国のラーメンとどちらがおいし
いですか。

金ジホ　日本のラーメンのほうがぼくはいいですね。

ラーメン 라면

おいしい 맛있다

塩辛い 짜다
<small>しおから</small>

高い (가격이) 비싸다, 높다
<small>たか</small>

いい 좋다

はじめて 처음

〜が 〜이지만, 〜인데

辛い 맵다
<small>から</small>

あまり 그다지

味 맛
<small>あじ</small>

少し 조금
<small>すこ</small>

ちょっと 좀, 약간

ほう 쪽, 편

い형용사

일본어의 형용사는 사람의 감각이나 감정, 사물의 성질이나 상태를 나타내는 단어로, 「〜い」로 끝나는 형용사를 「い형용사」라고 한다. 주로 명사를 수식하며, 경우에 따라서는 동사를 수식하기도 한다. 단독으로 술어가 되기도 하고 동사와 마찬가지로 어미 활용을 한다. 「い형용사」는 다음과 같이 활용을 한다.

① **정중형 : 〜い ➡ 〜いです**

夏は暑いです。

あのかばんは高いです。

あなたは頭がいいですね。

② **명사 수식 : 〜い ➡ 〜い + 명사**

優しい日本語の先生です。

大きい建物があります。

広い部屋ですね。

③ **부정형 : 〜い ➡ 〜くありません・〜くないです**

日本語は難しくありません。

あのマンガは面白くありません。

あの店はおいしくないです。

それはよくありません。

② 역접조사 が

소사 「が」는 다음과 같이 역접을 나타내는 접속조사로도 쓰인다.

お金はありますが、時間がありません。

あの店はおいしいですが、ちょっと高いです。

日本語は面白いですが、ちょっと難しいです。

③ どちらが 선택문

둘 중 어느 쪽인지를 물을 때에 「AとBとどちらが (A와 B 중에 어느 것이)」를 사용한다. 이에 대한 대답은 「Bのほうが〜 (B가 ~)」라는 표현을 쓰며 양쪽이 비슷할 때는 「どちらも〜です (어느 쪽도 ~입니다)」라고 한다.

A: 映画とアニメとどちらが面白いですか。

B: アニメのほうが面白いです。

A: サッカーと野球とどちらが楽しいですか。

B: サッカーのほうが楽しいです。

A: コーヒーと紅茶とどちらがおいしいですか。

B: コーヒーのほうがおいしいです。

C: 私はどちらもおいしいです。

④ あまり+부정 그다지 ~(하)지 않다

日本語はあまり難しくありません。

あの店はあまりおいしくありません。

자주 사용하는 い형용사 어휘

易(やさ)しい	쉽다	難(むずか)しい	어렵다
良(よ/い)い	좋다	悪(わる)い	나쁘다
おいしい	맛있다	まずい	맛없다
遠(とお)い	멀다	近(ちか)い	가깝다
赤(あか)い	붉다	青(あお)い	푸르다
新(あたら)しい	새롭다	古(ふる)い	낡다
重(おも)い	무겁다	軽(かる)い	가볍다
甘(あま)い	달다	辛(から)い	맵다
大(おお)きい	크다	小(ちい)さい	작다
安(やす)い	싸다	高(たか)い	비싸다
低(ひく)い	낮다	高(たか)い	높다
長(なが)い	길다	短(みじか)い	짧다
多(おお)い	많다	少(すく)ない	적다
寒(さむ)い	춥다	暑(あつ)い	덥다
涼(すず)しい	서늘하다	暖(あたた)かい	따뜻하다
面白(おもしろ)い	재미있다	忙(いそが)しい	바쁘다
かっこいい	멋있다	明(あか)るい	밝다
楽(たの)しい	즐겁다	美(うつく)しい	아름답다
広(ひろ)い	넓다	白(しろ)い	희다
かわいい	귀엽다	優(やさ)しい	친절하다, 상냥하다

신출 단어

夏 여름

暑い 덥다

頭 머리

優しい 상냥하다, 친절하다

大きい 크다

広い 넓다

難しい 어렵다

マンガ 만화

面白い 재미있다

店 가게

時間 시간

映画 영화

アニメ 애니메이션, 만화영화

サッカー 축구

野球 야구

楽しい 즐겁다

紅茶 홍차

どちらも 어느 쪽도

문형 **연습**

1 예 와 같이 문장을 바꾸세요.

> 예 ラーメンがおいしい。 ➡ ラーメンがおいしいです。
> ➡ ラーメンがおいしくありません。
> ラーメンがおいしくないです。

1) 部屋が広い。 ➡ _____

➡ _____

_____

2) 頭がいい。 ➡ _____

➡ _____

_____

3) 日本語は面白い。 ➡ _____

➡ _____

_____

4) 毎日忙しい。 ➡ _____

➡ _____

_____

5) かばんが高い。 ➡ _____

➡ _____

_____

2 📖 와 같이 문장을 바꾸어 써 보세요.

> 📖 部屋が大きいです。 ➡ <u>大きい部屋です。</u>

1) サッカーが楽しいです。

 ➡ _____

2) 建物が高いです。

 ➡ _____

3) 先生が優しいです。

 ➡ _____

4) 天気がいいです。

 ➡ _____

5) 海が広いです。

 ➡ _____

6) 空が青いです。

 ➡ _____

신출 단어

毎日 매일　　　　　　　**忙しい** 바쁘다　　　　　　**天気** 날씨

海 바다　　　　　　　　**空** 하늘　　　　　　　　**青い** 파랗다

회화 연습

1 예 의 밑줄 친 말을 바꿔서 말해 보세요.

> 예 A: a 味はどうですか。
>
> B: b おいしいですが、少し c 辛いです。

1) a 日本語　　　b 面白い　　　c 難しい

2) a 大学生活　　b 楽しい　　　c 忙しい

3) a この店　　　b 新しい　　　c 高い

2 예 의 밑줄 친 부분을 바꿔서 말해 보세요.

> 예 A: a テストは b 難しいですか。
>
> B: いいえ、あまり b 難しくありません。
> c 易しいほうです。

1) a そのビル　　b 高い　　　c 低い

2) a この店　　　b 安い　　　c 高い

3) a 味　　　　　b 辛い　　　c 甘い

3 예의 밑줄 친 부분을 바꿔서 말해 보세요.

mp3 Track 49

> **예** A: a <u>日本</u>と b <u>中国</u>とどちらが c <u>広い</u>ですか。
>
> B: b <u>中国</u>のほうが c <u>広い</u>です。

1) a 佐藤さん　　b 田中さん　　c 背が高い

2) a 東京の冬　　b ソウルの冬　　c 寒い

3) a ソウルの夏　　b 東京の夏　　c 暑い

신출 단어

大学生活 대학생활 　　**新しい** 새롭다 　　**テスト** 테스트, 시험

易しい 쉽다 　　**低い** 낮다 　　**安い** (가격이) 싸다

甘い 달다 　　**背が高い** 키가 크다 　　**東京** 도쿄(지명)

冬 겨울 　　**ソウル** 서울(지명) 　　**寒い** 춥다

1 다음 질문에 답을 써 보세요.

1) 日本語はどうですか。

   ➡ _____

2) 大学生活はどうですか。

   ➡ _____

3) 今日の天気はどうですか。

   ➡ _____

4) あなたはどんな人ですか。

   ➡ _____

1 녹음된 내용을 잘 듣고 (   ) 안을 채우세요.

1) 日本<small>にほん</small>のラーメンはおいしいですが、少<small>すこ</small>し(　　　　　　　)です。

2) 韓国<small>かんこく</small>のラーメンは(　　　　　　)も(　　　　　　)もあり
ます。

3) 韓国<small>かんこく</small>のラーメンはあまり(　　　　　　)ありません。

4) 日本<small>にほん</small>のラーメンと韓国<small>かんこく</small>のラーメンと(　　　　　　)おいしいで
すか。

2 녹음된 내용을 잘 듣고 대답해 보세요.

1) 日本<small>にほん</small>のラーメンは安<small>やす</small>いですか。

　➡ _____

2) 韓国<small>かんこく</small>のラーメンの味<small>あじ</small>はどうですか。

　➡ _____

제 10 과

日本の学園祭はとてもにぎやかですね

학습 목표

1. な형용사의 정중형, 명사수식형, 부정형을 익힌다.

학습 포인트

1. 日本の学園祭はとてもにぎやかですね。

2. 料理はあまり上手ではありません。

佐藤　今日から金曜日まで学園祭です。

金ジホ　面白い店があっちこっちにありますね。
　　　　日本の学園祭はとてもにぎやかですね。

佐藤　そうですね。
　　　あそこにお好み焼きやたこ焼きやおでんなど、
　　　おいしい物もたくさんありますよ。

金ジホ　私は日本のたこ焼きが大好きです。

佐藤　あ、そうですか。
　　　韓国の学園祭にも食べ物がありますか。

金ジホ　はい、ありますよ。
　　　　韓国の学園祭にはチジミやトッポッキなどが
　　　　あります。

佐藤　あ、そうですか。
　　　私は韓国のチジミが好きです。
　　　ジホさんは料理が上手ですか。

金ジホ　いいえ、料理はあまり上手ではありません。

신출 단어

~から~まで ~부터 ~까지	金曜日 금요일	学園祭 내학 축제
あっちこっち 여기저기	とても 매우, 대단히	にぎやかだ 붐비다, 번잡하다
お好み焼き 오코노미야키(일본식 부침개)	たこ焼き 다코야키(문어빵)	おでん 어묵
物 것, 물건	たくさん 많이	大好きだ 매우 좋아하다
食べ物 음식, 먹을거리	チジミ 지짐이, 부침개	トッポッキ 떡볶이
好きだ 좋아하다	料理 요리	上手だ 능숙하다, 잘하다

문형 포인트

1 な형용사

기본형의 어미가 「～だ」로 끝나는 형용사를 「な형용사」라고 하는데, 뒤에 오는 명사를 수식할 때 어미가 「～な」로 바뀐다. 「な형용사」는 다음과 같이 활용을 한다.

① 정중형 : ～だ ➡ ～です

私は元気です。

この街はにぎやかです。

その教室は静かです。

② 명사 수식 : ～だ ➡ ～な + 명사

あそこにはりっぱな建物があります。

静かな部屋です。

彼は有名な人です。

③ 부정형 : ～だ ➡ ～ではありません・～ではないです

部屋はあまりきれいではありません。

あの人は親切ではないです。

2 요일 읽기

にちよう び 日曜日	げつよう び 月曜日	か よう び 火曜日	すいよう び 水曜日
일요일	월요일	화요일	수요일
もくよう び 木曜日	きんよう び 金曜日	ど よう び 土曜日	なんよう び 何曜日
목요일	금요일	토요일	무슨 요일

3 〜から 〜まで　〜부터 〜까지

거리의 출발점과 종점을 나타내거나, 기간의 시작과 끝을 나타내는 표현이다.

とうきょう　　おおさか　　　　　なん
東京から大阪までは何キロですか。

じゅぎょう　げつよう び　　　　きんよう び
授業は月曜日から金曜日まであります。

か よう び　　　もくようび　　　　ちゅうかん
火曜日から木曜日までは中間テストです。

4 〜が好きだ　〜을/를 좋아하다

한국어로는 「〜을/를 좋아하다」이지만, 기호를 나타내는 일본어 표현인 「好きだ」는 「を」가 아니라 격조사 「が」를 사용해야 한다. 「上手だ」「下手だ」 등도 조사 「が」를 사용하는 것에 주의해야 한다.

わたし　ねこ　す
私は猫が好きです。

わたし　あま　　　　　す
私は甘いものが好きです。

わたし　えい ご　　とく い
私は英語が得意です。

자주 사용하는 な형용사 어휘

にぎやかだ	번화하다	静(しず)かだ	조용하다
好(す)きだ	좋아하다	嫌(きら)いだ	싫어하다
上手(じょうず)だ	능숙하다	下手(へた)だ	서툴다
得意(とくい)だ	자신 있다, 잘하다	苦手(にがて)だ	서툴다
便利(べんり)だ	편리하다	不便(ふべん)だ	불편하다
派手(はで)だ	화려하다	地味(じみ)だ	검소하다
親切(しんせつ)だ	친절하다	不親切(ふしんせつ)だ	불친절하다
大変(たいへん)だ	힘들다, 큰일이다	様々(さまざま)だ	여러 가지다
有名(ゆうめい)だ	유명하다	きれいだ	깨끗하다, 예쁘다
元気(げんき)だ	건강하다	健康(けんこう)だ	건강하다
まじめだ	성실하다	丈夫(じょうぶ)だ	튼튼하다
すてきだ	멋지다	りっぱだ	훌륭하다
ハンサムだ	잘생기다	暇(ひま)だ	한가하다
新鮮(しんせん)だ	신선하다	簡単(かんたん)だ	간단하다

신출 단어

元気(げんき)だ 건강하다, 활발하다

りっぱだ 훌륭하다

きれいだ 깨끗하다, 예쁘다

月曜日(げつようび) 월요일

木曜日(もくようび) 목요일

キロ 킬로미터(km)

下手(へた)だ (기술이 부족하여) 잘 못하다

街(まち) 거리

彼(かれ) 그(남자)

親切(しんせつ)だ 친절하다

火曜日(かようび) 화요일

土曜日(どようび) 토요일

授業(じゅぎょう) 수업

得意(とくい)だ 자신 있다, 잘하다

静(しず)かだ 조용하다

有名(ゆうめい)だ 유명하다

日曜日(にちようび) 일요일

水曜日(すいようび) 수요일

何曜日(なんようび) 무슨 요일

中間(ちゅうかん)テスト 중간고사

문형 연습

1 예와 같이 문장을 바꾸세요.

> **예** 街がにぎやかです。　➡　街がにぎやかではありません。
> 　　　　　　　　　　　　　　　街がにぎやかではないです。

1) 英語が上手です。

➡ _____

_____

2) 店員が親切です。

➡ _____

_____

3) 子供が元気です。

➡ _____

_____

4) 料理が好きです。

➡ _____

_____

5) 学校が静かです。

➡ _____

_____

2 예 와 같이 문장을 바꾸어서 표현해 보세요.

> 예 その学生はまじめです。 ⇒ <u>まじめな学生ですね。</u>

1) そのレストランは有名です。

   ⇒ _____

2) この街は静かです。

   ⇒ _____

3) その人はハンサムです。

   ⇒ _____

4) その先生はすてきです。

   ⇒ _____

5) その建物はりっぱです。

   ⇒ _____

6) この部屋はきれいです。

   ⇒ _____

신출 단어

まじめだ 성실하다　　　　ハンサムだ 잘생겼다　　　　すてきだ 멋있다

회화 연습

1 예의 밑줄 친 말을 바꿔서 말해 보세요.

> 예 A: a 朴さんは b きれいな c 人ですか。
>
> B: いいえ、b きれいではありません。
>
> d やさしい c 人です。

1) a 佐藤さん   b まじめだ   c 学生   d 面白い

2) a ジョンロ   b 静かだ   c 街   d にぎやかだ

3) a 山田さん   b 親切だ   c 店員   d 不親切だ

2 예의 밑줄 친 부분을 바꿔서 말해 보세요.

> 예 A: a テストは何曜日ですか。
>
> B: b 今週の金曜日です。

1) a 会議   b 来週の月曜日

2) a 約束   b 今週の木曜日

3) a パーティー   b 来週の日曜日

4) a デート   b 今週の土曜日

신출 단어

ジョンロ 종로(지명)   不親切だ 불친절하다   今週 이번 주

会議 회의   来週 다음 주   約束 약속

パーティー 파티   デート 데이트

1 다음 질문에 답을 써 보세요.

1) あなたの<ruby>学校<rt>がっこう</rt></ruby>の<ruby>学園祭<rt>がくえんさい</rt></ruby>はいつからいつまでですか。

　➡ _____

2) <ruby>学園祭<rt>がくえんさい</rt></ruby>で<ruby>面白<rt>おもしろ</rt></ruby>い<ruby>事<rt>こと</rt></ruby>は<ruby>何<rt>なん</rt></ruby>ですか。

　➡ _____

3) あなたは<ruby>料理<rt>りょうり</rt></ruby>が<ruby>上手<rt>じょうず</rt></ruby>ですか。

　➡ _____

4) <ruby>好<rt>す</rt></ruby>きな<ruby>食<rt>た</rt></ruby>べ<ruby>物<rt>もの</rt></ruby>は<ruby>何<rt>なん</rt></ruby>ですか。

　➡ _____

신출 단어

いつ 언제　　　　　　<ruby>事<rt>こと</rt></ruby> 것, 일

1 녹음된 내용을 잘 듣고 ( ) 안을 채우세요.　

1) 日本の学園祭はとてもにぎやかで、面白い店が

　　(　　　　　　　　　　)にあります。

2) ジホさんは(　　　　　　　　)が大好きです。

3) 韓国の学園祭にもいろいろな(　　　　　　　)があります。

4) 学園祭の時は学校が(　　　　　　)で(　　　　　　　)です。

2 녹음된 내용을 잘 듣고 대답해 보세요.　

1) 日本の学園祭にはどんなおいしい物がありますか。

　➡ _____

2) 佐藤さんが好きな韓国の食べ物は何ですか。

　➡ _____

신출 단어

～で ～(하)고　　　　　いろいろだ 여러 가지이다　　　　　時 때

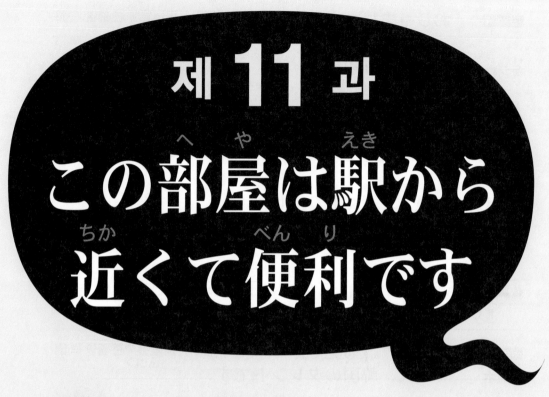

제 **11** 과
この部屋は駅から
近くて便利です

학습 목표

1. い형용사, な형용사의 중지형을 익힌다.

학습 포인트

1. この部屋は駅から近くて便利です。

佐藤　おじゃまします。

金ジホ　はい、どうぞ。

佐藤　ケーキとメロンです。どうぞ。
　　　広いお部屋ですね。家賃は高いですか。

金ジホ　いいえ、高くありません。
　　　そして、この部屋は駅から近くて便利です。

佐藤　(벽의 사진을 보면서) この女の子かわいいですね。
　　　ジホさんの恋人ですか。

金ジホ　いいえ、韓国のタレントです。

佐藤　あ、そうですか。今も好きですか。

金ジホ　いいえ、今は彼女がいますから。

佐藤　ジホさんの恋人はどこにいますか。

金ジホ　韓国にいますよ。彼女は高校の先生です。

佐藤　ジホさんはどんなタイプの女性が好きですか。

金ジホ　ぼくはかわいくて明るい人が好きです。
　　　佐藤さんは？

佐藤 私はハンサムでまじめな人が好きです。
でも、私の回りにはいませんね。

신출 단어

おじゃまします 실례합니다	**メロン** 메론	**家賃** 집세
そして 그리고	**駅** 역	**近い** 가깝다
便利だ 편리하다	**女の子** 여자아이	**かわいい** 귀엽다
恋人 연인, 애인	**タレント** 탤런트, 연예인	**彼女** 그녀, 여자 친구
タイプ 타입	**女性** 여성	**明るい** 밝다
でも 하지만	**回り** 주위, 주변	

第11과 この部屋は駅から近くて便利です 123

문형 포인트

1 い형용사 중지형　〜い　→　〜くて

このモデルは軽くて便利です。

この部屋は広くて静かです。

あの食堂は安くておいしいです。

2 な형용사 중지형　〜だ　→　〜で

彼はまじめでかっこいいですね。

私はハンサムでやさしい人が好きです。

彼はいつも元気でいいですね。

3 〜から　〜(아/해)서

「〜から」는 원인이나 이유를 나타내는 접속조사로 사용된다.

辛いからお水をください。

私はお金がないから。

日本語は漢字が多いから難しい。

신출 단어

モデル 모델	軽い 가볍다	かっこいい 멋지다
いつも 언제나, 항상	ない 없다	漢字 한자
多い 많다		

문형 연습

1 例와 같이 문장을 바꾸세요.

> 例 私(わたし)の部屋(へや)・広(ひろ)い・きれいだ
> ➡ 私(わたし)の部屋(へや)は広(ひろ)くてきれいです。

1) 田中(たなか)さん・ハンサムだ・かっこいい

　➡ _____

2) えりちゃん・かわいい・明(あか)るい

　➡ _____

3) ぼくの体(からだ)・健康(けんこう)だ・丈夫(じょうぶ)だ

　➡ _____

4) 海(うみ)と空(そら)・青(あお)い・広(ひろ)い

　➡ _____

5) このかばん・軽(かる)い・丈夫(じょうぶ)だ

　➡ _____

6) この魚(さかな)・新鮮(しんせん)だ・おいしい

　➡ _____

7) 木村(きむら)さん・頭(あたま)がいい・まじめだ

　➡ _____

신출 단어

体(からだ) 몸 　　　　　　　健康(けんこう)だ 건강하다 　　　　　丈夫(じょうぶ)だ 튼튼하다

魚(さかな) 생선, 물고기 　　　新鮮(しんせん)だ 신선하다

회화 연습

1

例 의 밑줄 친 부분의 말을 바꿔서 말해 보세요.

> 例 A: どんな a 女性が好きですか。
>
> B: そうですね。b 優しくてきれいな a 女性が好きです。
>
> A: そうですか。私は、c 元気で明るい a 女性が好きです。

1) a 男性　　　b ハンサムだ / 背が高い　　c まじめだ / 頭がいい

2) a かばん　　b 丈夫だ / 軽い　　　　　　c 小さい / かわいい

3) a 家　　　　b 部屋が多い / 広い　　　　c 便利だ / 明るい

2 例 의 밑줄 친 부분을 바꿔서 말해보세요. ▶ mp3 Track 59

> 例 A: これはどうですか。
>
> B: それは、 a きれいだから b 好きです。
>
> A: そうですか。

1) a 安い　　　　　　　　b いい

2) a 不便だ　　　　　　　b いやだ

3) a 丈夫だ　　　　　　　b 好きだ

4) a 高い　　　　　　　　b だめだ

신출 단어

男性 남성　　　　　　**小さい** 작다　　　　　　**不便だ** 불편하다

いやだ 싫다　　　　　　だめだ 안 된다

1 다음 질문에 답을 써 보세요.

1) あなたの家族はどんな家族ですか。

   ⇒ _____

2) あなたはどんなタイプの人が好きですか。

   ⇒ _____

3) あなたはどんなタイプの人が嫌いですか。

   ⇒ _____

4) あなたの大学はどんな学校ですか。

   ⇒ _____

신출 단어

嫌いだ 싫다, 싫어하다

1 녹음된 내용을 잘 듣고 ( ) 안을 채우세요.

1) 部屋は広いですが、(　　　　　　　　　)は高くありません。

2) この部屋は(　　　　　　　)近くて(　　　　　　　　)です。

3) ジホさんは(　　　　　　)(　　　　　　　　)人が好きです。

4) ジホさんの(　　　　　　)は(　　　　　　　)です。

2 녹음된 내용을 잘 듣고 대답해 보세요.

1) ジホさんの部屋はどんな部屋ですか。

　➡ _____

2) ジホさんはどんなタイプの女性が好きですか。

　➡ _____

제 **12** 과

まい あさ なん じ
毎朝何時に
お
起きますか

학습 목표

1. 일본어 동사의 특징과 동사의 종류, ます형을 익힌다.
2. 시간 표현을 익힌다.

학습 포인트

キム　　　まいあさなんじ　お
1. 金さんは毎朝何時に起きますか。
あさろくじ　　　お
2. たいてい朝 6 時ごろ起きます。
いえ　　がっこう
3. 家から学校まではどのぐらいかかりますか。

(스터디를 하기 전)

佐藤　金さん、いつも早いですね。

　　　金さんは毎朝何時に起きますか。

金ジホ　たいてい朝6時ごろ起きます。

佐藤　ずいぶん早いですね。朝ごはんは食べますか。

金ジホ　はい。牛乳とパンを食べます。

佐藤　授業は朝早いですか。

金ジホ　授業は10時半からですが、その前はいつも

　　　図書館で勉強します。

佐藤　金さんはまじめな学生ですね。

　　　家から学校まではどのぐらいかかりますか。

金ジホ　自転車で15分ぐらいかかります。

佐藤　あ、そうですか。

　　　でも、夜は自転車で怖くないですか。

金ジホ　10時ごろ家へ帰る時は怖い時もあります。

　　　佐藤さんの家は？

佐藤　私は学校の中の寮です。

キム
金ジホ　　あ、そうですか。それはうらやましいですね。

さとう
佐藤　　　でも、時々遅刻しますよ。

신출 단어

はや
早い 이르다, 빠르다

〜に 〜에(시간, 때)

あさ
朝 아침

〜ころ(ごろ) 〜경, 〜무렵

た
食べる 먹다

じゅう じ
10時 10시

べんきょう
勉強する 공부하다

じ てんしゃ
自転車 자전거

〜分 〜분

〜へ 〜에, 〜으로(방향)

うらやましい 부럽다

まいあさ
毎朝 매일 아침

お
起きる 일어나다

ろく じ
6時 6시

ずいぶん 퍽, 상당히

ぎゅうにゅう
牛乳 우유

はん
半 반, 30분

どのぐらい 어느 정도

〜で 〜으로(수단)

よる
夜 저녁, 밤

かえ
帰る 돌아가다, 돌아오다

ときどき
時々 가끔, 때때로

なん じ
何時 몇 시

たいてい 대개

〜じ
〜時 〜시

あさ
朝ごはん 아침밥, 아침식사

パン 빵

まえ
その前 그 전

かかる 걸리다

じゅうごふん
15分 15분

こわ
怖い 무섭다

りょう
寮 기숙사

ち こく
遅刻する 지각하다

문형 포인트

① 일본어 동사

동사는 사람이나 사물의 움직임, 상태 변화, 존재를 나타내는 단어로서 문장 안에서 술어로 쓰이며 활용을 한다. 여러 가지 형태로 명사를 수식하거나 다른 동사를 수식하기도 한다.

① 일본어 동사의 특징

❶ 어미가 う단(う·つ·る·む·ぶ·ぬ·く·ぐ·す)으로 끝난다.

❷ 어미 활용을 한다.

일본어의 동사는 모두 똑같은 형태로 활용되지 않기 때문에 활용형에 따라 분류한다. 여기서는 크게 3가지로, 1그룹동사, 2그룹동사, 3그룹동사로 분류하기로 한다.

② 일본어 동사 식별법

❶ 「る」 이외로 끝나는 동사   ⇒ 1그룹동사

❷ 「aる」「uる」「oる」로 끝나는 동사   ⇒ 1그룹동사

   かかる, うる, とおる

❸ 「eる」「iる」로 끝나는 동사   ⇒ 2그룹동사

   단,「eる」「iる」로 끝나는 동사 중 다음의 예외 리스트에 있으면   ⇒ 1그룹동사

   ▶ 예외 리스트: 切る, 走る, 知る, 帰る, 入る, 減る, 要る, しゃべる, ……

❹ 불규칙동사로 来る, する 두 개 뿐임   ⇒ 3그룹동사

③ 동사의 ます형

일본어 동사의 정중체는 「ます형」으로, 그룹별 동사의 활용 형태는 다음과 같다.

❶ 1그룹동사 : 어미를 「い」단으로 바꾸고 「ます」를 붙인다.

   書く → 書きます

❷ 2그룹동사 : 「る」를 없애고 「ます」를 붙인다.

   食べる → 食べます

❸ 3그룹동사 : 来る → 来ます

   する → します

동사의 종류	기본형	~ます(긍정)	~ません(부정)
1그룹동사	歌う 노래하다	歌います	歌いません
	買う 사다	買います	買いません
	習う 배우다	習います	習いません
	待つ 기다리다	待ちます	待ちません
	かかる 걸리다	かかります	かかりません
	帰る 돌아가다	帰ります	帰りません
	飲む 마시다	飲みます	飲みません
	遊ぶ 놀다	遊びます	遊びません
	死ぬ 죽다	死にます	死にません
	行く 가다	行きます	行きません
	泳ぐ 헤엄치다	泳ぎます	泳ぎません
	話す 말하다	話します	話しません
2그룹동사	起きる 일어나다	起きます	起きません
	見る 보다	見ます	見ません
	寝る 자다	寝ます	寝ません
	食べる 먹다	食べます	食べません
3그룹동사	来る 오다	来ます	来ません
	する 하다	します	しません

③ 시간 표현

～時(시)		～分(분)		～秒(초)	
1時	いちじ	1分	いっぷん	1秒	いちびょう
2時	にじ	2分	にふん	2秒	にびょう
3時	さんじ	3分	さんぷん	3秒	さんびょう
4時	よじ	4分	よんぷん	4秒	よんびょう
5時	ごじ	5分	ごふん	5秒	ごびょう
6時	ろくじ	6分	ろっぷん	6秒	ろくびょう
7時	しちじ	7分	ななふん・しちふん	7秒	ななびょう・しちびょう
8時	はちじ	8分	はっぷん・はちふん	8秒	はちびょう
9時	くじ	9分	きゅうふん	9秒	きゅうびょう
10時	じゅうじ	10分	じ(ゅ)っぷん	10秒	じゅうびょう
11時	じゅういちじ	15分	じゅうごふん	15秒	じゅうごびょう
12時	じゅうにじ	20分	にじ(ゅ)っぷん	20秒	にじゅうびょう
何時	なんじ	25分	にじゅうごふん	25秒	にじゅうごびょう
		30分/半	さんじ(ゅ)っぷん/はん	30秒	さんじゅうびょう
		35分	さんじゅうごふん	35秒	さんじゅうごびょう
		40分	よんじ(ゅ)っぷん	40秒	よんじゅうびょう
		45分	よんじゅうごふん	45秒	よんじゅうごびょう
		50分	ごじ(ゅ)っぷん	50秒	ごじゅうびょう
		55分	ごじゅうごふん	55秒	ごじゅうごびょう
		60分	ろくじ(ゅ)っぷん	60秒	ろくじゅうびょう
		何分	なんぷん	何秒	なんびょう

교통 수단의 ～で ～(으)로

교통 수단은 조사 「で」로 나타낸다. 교통 수난을 사용하지 않고 걷는 경우에는 「歩いて(걸어서)」를 사용한다.

私はバスで帰ります。

学校まで何で来ますか。

プサンまで車で行きます。

방향을 나타내는 조사 へ ～에, ～으로

「行きます」「帰ります」 등 이동을 나타내는 동사의 경우에 목적지는 「へ」로 나타낸다. 이때 조사 「へ」는 「e」로 발음한다.

私は韓国へ帰ります。

佐藤さんは銀行へ行きます。

私はバスで家へ帰ります。

시간에 붙이는 조사 に ～에

시간이나 때를 나타낼 때 붙이는 조사 「に」는 생략되는 경우가 많은데, 연·월·일·요일·시각을 말할 때는 「に」를 붙이고 「今日(오늘)」「毎朝(매일 아침)」「夜(밤)」「今度(이번)」 등과 같이 시간의 폭이 있는 말에는 「に」를 생략한다.

授業は9時に始まります。

2017年に日本へ行きます。

毎朝、牛乳とパンを食べます。

신출 단어

バス 버스 　　　　　　　 来る 오다 　　　　　　　 プサン 부산(지명)

行く 가다 　　　　　　　 今度 이번, 다음 　　　　　 始まる 시작되다

2017年 2017년

문형 연습

1 📩 와 같이 문형을 바꿔서 써 보세요.

> 📩 10分かかる。　　　➡ 10分かかります。
>
> ➡ 10分かかりません。

1) 友だちに会う。　　➡ _____

　➡ _____

2) 一人で考える。　　➡ _____

　➡ _____

3) 授業が始まる。　　➡ _____

　➡ _____

4) 家でテレビを見る。　➡ _____

　➡ _____

5) テストの勉強をする。　➡ _____

　➡ _____

6) 友だちから手紙が来る。➡ _____

　➡ _____

2 예 와 같이 문장을 완성해서 말해 보세요.

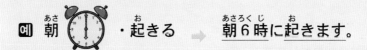

예 朝<ruby>あさ<rt></rt></ruby> ・起<ruby>お<rt></rt></ruby>きる → 朝6時に起きます。

1) 朝<ruby>あさ<rt></rt></ruby> ・家<ruby>いえ<rt></rt></ruby>を出<ruby>で<rt></rt></ruby>る

　　➡ _____

2) 朝<ruby>あさ<rt></rt></ruby> ・授業<ruby>じゅぎょう<rt></rt></ruby>が始<ruby>はじ<rt></rt></ruby>まる

　　➡ _____

3) 午後<ruby>ごご<rt></rt></ruby> ・授業<ruby>じゅぎょう<rt></rt></ruby>が終<ruby>お<rt></rt></ruby>わる

　　➡ _____

4) 午後<ruby>ごご<rt></rt></ruby> ・家<ruby>いえ<rt></rt></ruby>へ帰<ruby>かえ<rt></rt></ruby>る

　　➡ _____

신출 단어

会<ruby>あ<rt></rt></ruby>う 만나다

テレビ TV, 텔레비전

手紙<ruby>てがみ<rt></rt></ruby> 편지

終<ruby>お<rt></rt></ruby>わる 끝나다

一人<ruby>ひとり<rt></rt></ruby>で 혼자서

見<ruby>み<rt></rt></ruby>る 보다

出<ruby>で<rt></rt></ruby>る 나가다

考<ruby>かんが<rt></rt></ruby>える 생각하다

する 하다

午後<ruby>ごご<rt></rt></ruby> 오후

1 例 의 밑줄 친 말을 바꾸어서 말해 보세요.

> 例 A: 今日の午後、何をしますか。
>
> B: a 友だちに会います。
>
> A: 夜は何をしますか。
>
> B: b 家で勉強します。

1) a 図書館に行く　　　　b 家で料理を作る

2) a 買い物をする　　　　b 家でテレビを見る

3) a 本を読む　　　　　　b 早く寝る

2 예문의 밑줄 친 부분을 바꿔서 말해 보세요.

 Track 64

> **例** A: a 学校へ何で行きますか。
>
> B: b 自転車で行きます。
>
> A: 時間はどのぐらいかかりますか。
>
> B: c 15分ぐらいかかります。

1) a 会社   b 車   c 40分

2) a 京都   b 新幹線   c 3時間

3) a 日本   b 飛行機   c 2時間半

4) a デパート   b バス   c 20分

신출 단어

作る 만들다   買い物 쇼핑   読む 읽다

早く 일찍, 빨리   寝る 자다   会社 회사

京都 교토(지명)   新幹線 신칸센(일본의 고속 열차)   ～時間 ～시간

飛行機 비행기   デパート 백화점

작문 연습

1 다음 질문에 답을 써 보세요.

1) あなたは毎朝何時ぐらいに起きますか。

  ➡ _____

2) 学校には何で行きますか。何時間ぐらいかかりますか。

  ➡ _____

3) 朝ごはんは食べますか。何を食べますか。

  ➡ _____

4) 夜は何をしますか。たいてい何時ぐらいに寝ますか。

  ➡ _____

신출 단어

何時間 몇 시간

1 녹음된 내용을 잘 듣고 ( ) 안을 채우세요.

1) たいてい( )<ruby>起<rt>お</rt></ruby>きます。

2) ( )は<ruby>10時半<rt>じゅう じ はん</rt></ruby>からですが、その<ruby>前<rt>まえ</rt></ruby>にいつも

( )で<ruby>勉強<rt>べんきょう</rt></ruby>します。

3) <ruby>家<rt>いえ</rt></ruby>から<ruby>学校<rt>がっこう</rt></ruby>までは( )で<ruby>15分<rt>じゅうごふん</rt></ruby>ぐらいかかります。

4) <ruby>夜<rt>よる</rt></ruby><ruby>10時<rt>じゅう じ</rt></ruby>ごろ<ruby>家<rt>いえ</rt></ruby>へ<ruby>帰<rt>かえ</rt></ruby>る<ruby>時<rt>とき</rt></ruby>は( )もあります。

2 녹음된 내용을 잘 듣고 대답해 보세요.

1) ジホさんは<ruby>授業<rt>じゅぎょう</rt></ruby>の<ruby>前<rt>まえ</rt></ruby>に<ruby>何<rt>なに</rt></ruby>をしますか。

➡ _____

2) ジホさんはなぜ<ruby>佐藤<rt>さ とう</rt></ruby>さんがうらやましいですか。

➡ _____

신출 단어

なぜ 왜, 어째서

제 13 과

週末には何を
しましたか

しゅう まつ / なに

학습 목표

1. 동사와 형용사의 과거형을 익힌다.

학습 포인트

1. レポートはもう書きましたか。

2. おいしかったです。

3. 人が多くてにぎやかでした。

佐藤 ジホさん、レポートはもう書きましたか。

金ジホ いいえ、まだです。いつまでですか。

佐藤 レポートは11月1日までで、あさってまでです。

金ジホ あ、そうですか。

今日からがんばります。

佐藤 ところで、週末は何をしましたか。

金ジホ 中国人の友だちと一緒に横浜に行きました。

佐藤 それは良かったですね。

横浜はどうでしたか。

金ジホ 人が多くてにぎやかでした。

佐藤 中華街にも行きましたか。

金ジホ はい、行きました。

そこで中華料理も食べました。

おいしかったです。

佐藤 それはうらやましいですね。

夜遅く帰りましたか。

金ジホ はい、横浜は夜景もきれいで、夜遅くまで
あっちこっちを回りました。
日本の小物やかわいい服もたくさん買いました。

佐藤 それは良かったですね。

신출 단어

레포트 리포트, 보고서　　もう 이미, 벌써　　書く 쓰다

まだ 아직　　11月 11월　　1日 1일

あさって 모레　　がんばる 분발하다, 열심히 하다　　ところで 그런데

週末 주말　　一緒に 함께, 같이　　横浜 요코하마(지명)

よい 좋다　　中華街 중화가, 차이나타운　　中華料理 중화요리, 중국요리

夜遅い 밤늦다　　夜景 야경　　回る 돌다

小物 작은 장식물, 소품　　服 옷, 의복　　買う 사다

제13과 週末には何をしましたか　145

동사 정중체의 과거형 ました

현재 혹은 미래의 습관적인 동작을 나타낼 때는 「ます」를 쓰며, 현재의 부정형은 「ません」이다. 과거의 동작을 말할 때는 「ます」를 「ました」로 바꾼다. 과거의 부정형은 「ませんでした」이다.

高校の時、フランス語を習いました。

私はお寿司を食べました。

昨日あまり寝ませんでした。

遅くまで家へ帰りませんでした。

동사의 종류	기본형	～ます (현재 긍정)	～ません (현재 부정)	～ました (과거 긍정)	～ませんでした (과거 부정)
1그룹 동사	買う	買います	買いません	買いました	買いませんでした
	待つ	待ちます	待ちません	待ちました	待ちませんでした
	かかる	かかります	かかりません	かかりました	かかりませんでした
	飲む	飲みます	飲みません	飲みました	飲みませんでした
	遊ぶ	遊びます	遊びません	遊びました	遊びませんでした
	死ぬ	死にます	死にません	死にました	死にませんでした
	行く	行きます	行きません	行きました	行きませんでした
	泳ぐ	泳ぎます	泳ぎません	泳ぎました	泳ぎませんでした
	話す	話します	話しません	話しました	話しませんでした
2그룹 동사	見る	見ます	見ません	見ました	見ませんでした
	食べる	食べます	食べません	食べました	食べませんでした
3그룹 동사	来る	来ます	来ません	来ました	来ませんでした
	する	します	しません	しました	しませんでした

2 い형용사의 과거형

1 긍정 : ～い ➡ ～かった・～かったです

彼女（かのじょ）は学生時代（がくせいじだい）かわいかった。

今回（こんかい）の日本語（にほんご）のテストはやさしかった。

あの映画（えいが）はおもしろかったです。

2 부정 : ～い ➡ ～くなかった・～くありませんでした

英語（えいご）のテストはあまりやさしくなかった。

空港（くうこう）からホテルまではあまり遠（とお）くなかった。

昨日（きのう）のラーメンはあまり辛（から）くありませんでした。

3 な형용사의 과거형

1 긍정 : ～だ ➡ ～だった・～でした

この街（まち）は前（まえ）はにぎやかだった。

彼（かれ）はまじめでした。

昔彼女（むかしかのじょ）はきれいでした。

2 부정 : ～だ ➡ ～ではなかった・～ではありませんでした

あの人（ひと）はあまり有名（ゆうめい）ではなかった。

あの魚（さかな）はあまり新鮮（しんせん）ではなかった。

彼女（かのじょ）の家（いえ）はあまりきれいではありませんでした。

4 시간 표현

① 월

1月	2月	3月	4月
いちがつ	にがつ	さんがつ	しがつ
5月	**6月**	**7月**	**8月**
ごがつ	ろくがつ	しちがつ	はちがつ
9月	**10月**	**11月**	**12月**
くがつ	じゅうがつ	じゅういちがつ	じゅうにがつ

② 일

1日	ついたち	11日	じゅういちにち	21日	にじゅういちにち
2日	ふつか	12日	じゅうににち	22日	にじゅうににち
3日	みっか	13日	じゅうさんにち	23日	にじゅうさんにち
4日	よっか	14日	じゅうよっか	24日	にじゅうよっか
5日	いつか	15日	じゅうごにち	25日	にじゅうごにち
6日	むいか	16日	じゅうろくにち	26日	にじゅうろくにち
7日	なのか	17日	じゅうしちにち	27日	にじゅうしちにち
8日	ようか	18日	じゅうはちにち	28日	にじゅうはちにち
9日	ここのか	19日	じゅうくにち	29日	にじゅうくにち
10日	とおか	20日	はつか	30日	さんじゅうにち
				31日	さんじゅういちにち

신출 단어

フランス語 프랑스어
遅い 늦다, 늦어지다
空港 공항
前は 전에는, 이전에는

習う 배우다
学生時代 학생 시절, 학창 시절
ホテル 호텔
昔 옛날, 예전

お寿司 초밥
今回 이번
遠い 멀다

1 　例 와 같이 문형을 바꿔서 써 보세요.

> 例　横浜へ行きます。　➡　横浜へ行きました。
>
> 　　　　　　　　　➡　横浜へ行きませんでした。

1) 夜遅くまでレポートを書く。

　➡　_____

　➡　_____

2) 好きな歌を歌う。

　➡　_____

　➡　_____

3) 子供とお風呂に入る。

　➡　_____

　➡　_____

4) 一人でよく考える。

　➡　_____

　➡　_____

5) たくさん買い物をする。

　➡　_____

　➡　_____

6) 友だちからメールが来る。

　➡　_____

　➡　_____

2 예와 같이 문형을 바꾸어 써 보세요.

> 예 くつが小さいです。 　➡　くつが小さかったです。
> この街はにぎやかです。 　➡　この街はにぎやかでした。

1) ラーメンが辛いです。

　➡ _____

2) あの服は大きいです。

　➡ _____

3) 妹と弟がかわいいです。

　➡ _____

4) 佐藤さんはかっこいいです。

　➡ _____

5) あの人はまじめです。

　➡ _____

6) あの子供は元気です。

　➡ _____

7) 木村先生はハンサムです。

　➡ _____

8) あの店員は親切です。

　➡ _____

3 예와 같이 날짜를 히라가나로 쓰세요.

> 예 8月24日 ➡ **はちがつ にじゅうよっか**

1) 9月9日

➡ _____

2) 7月20日

➡ _____

3) 4月5日

➡ _____

4) 5月8日

➡ _____

5) 12月19日

➡ _____

6) 6月27日

➡ _____

신출 단어

歌 노래 · ^{うた}

歌う 노래하다 · ^{うた}

お風呂に入る 목욕하다 · ^{ふ ろ} ^{はい}

よく 자주, 잘

メール 메일

くつ 신발, 구두

1 예 의 밑줄 친 말을 바꿔서 말해 보세요.

> 예 A: 先週の日曜日には何をしましたか。
>
> B: 家で a 本を読みました。
>
> A: どこへも行きませんでしたか。
>
> B: 近くの b 公園で c 散歩をしました。
>
> A: あ、そうですか。

1) a 料理を作る　　　　b スーパー　　　c 料理の材料を買う

2) a テレビを見る　　　b デパート　　　c 買い物をする

3) a レポートを書く　　b 図書館　　　　c 友だちに会う

2

> 例 A: a 佐藤さんのお誕生日はいつですか。
>
> B: b 4月20日です。

1) a 英語のテスト　　　　b 今月の7日

2) a 今度の会議　　　　b 来月の6日

3) a 大学の卒業式　　　　b 2月24日

4) a 大学の入学式　　　　b 3月2日

신출 단어

先週 지난주

公園 공원

散歩 산책

材料 재료

(お)誕生日 생일

今月 이번 달

来月 다음 달

卒業式 졸업식

入学式 입학식

작문 연습

1 다음 질문에 답을 써 보세요.

1) 先週の週末には何をしましたか。

➡ _____

2) 昨日は授業の後、何をしましたか。どこかへ行きましたか。

➡ _____

3) 最近一番有名な映画は何ですか。その映画は見ましたか。

➡ _____

4) 最近一番楽しかった事は何ですか。

➡ _____

신출 단어

後 후, 나중
一番 가장, 제일

どこか 어딘가

最近 최근, 요즘

청해 연습

1 녹음된 내용을 잘 듣고 ( ) 안을 채우세요.

1) レポートは( )までで、あさってまでです。

2) 横浜の中華街で( )も食べました。おいしかった
です。

3) 横浜は( )もきれいで、( )まであっち
こっちを回りました。

4) 日本の( )やかわいい服もたくさん買いました。

2 녹음된 내용을 잘 듣고 대답해 보세요.

1) ジホさんは週末に横浜で何をしましたか。

　➡ _____

2) ジホさんはレポートをどうしますか。

　➡ _____

신출 단어

一生懸命 열심히

부록

- 회화 및 청해 연습 해석
- 연습문제 정답

회화 및 청해 연습 해석

제4과

처음 뵙겠습니다

 회화 **자기소개하기**

다카다 선생님 안녕하세요. 이쪽은 유학생인 김 씨입니다.

김지호 처음 뵙겠습니다. 저는 김지호입니다. 잘 부탁드립니다.

사토 처음 뵙겠습니다. 사토 카오리입니다. 저야말로 잘 부탁드립니다. 김지호 씨는 중국인입니까?

김지호 아니요, 저는 중국인이 아닙니다. 한국인입니다.

사토 아, 그렇습니까? 김지호 씨는 대학교 몇 학년입니까?

김지호 한국대학 3학년입니다. 사토 씨도 대학생입니까?

사토 아니요. 저는 대학원생입니다.

청해 **연습**

1 1) 처음 뵙겠습니다. 저는 김지호입니다. 잘 부탁드립니다.

2) 처음 뵙겠습니다. 사토입니다. 저야말로 잘 부탁드립니다.

3) 아니요, 저는 중국인이 아닙니다. 한국인입니다.

4) 아, 그렇습니까? 김지호 씨는 대학교 몇 학년입니까?

2 김지호 씨는 유학생입니다. 한국인입니다. 중국인이 아닙니다. 한국대학 3학년입니다. 사토 씨는 일본인입니다. 대학생이 아닙니다. 대학원생입니다.

제5과

이것은 한국에서 가지고 온 선물입니다

 회화Ⅰ **튜터와 연구실에서**

김지호 사토 씨, 안녕하세요.

사토 아, 안녕하세요.
(책상 위에 있는 책을 보면서) 이 책은 누구의 책입니까?

김지호 그것은 제 것입니다.

사토 이것은 무슨 책입니까?

김지호 그것은 전공 책입니다.

사토 지호 씨의 전공은 무엇입니까?

김지호 제 전공은 전자공학입니다. 사토 씨의 전공은 무엇입니까?

사토 제 전공은 일본어학입니다.

 회화Ⅱ **선생님 연구실에서**

김지호 (전해주면서) 다카다 선생님, 이거 받으세요.

다카다 선생님 네? 이것은 무엇입니까?

김지호 그것은 한국에서 가지고 온 선물입니다.

다카다 선생님 이야, 이것은 한국의 김과 과자군요.
정말 고마워요. 잘 받겠습니다.

청해 **연습**

1 1) 김지호 씨의 전공은 전자공학입니다.

2) 사토 씨의 전공은 일본어학입니다.

3) 다카다 선생님, 이거 받으세요.

4) 이것은 한국에서 가지고 온 선물입니다.

2 1) **사토** 지호 씨 이것은 무슨 책입니까?

김지호 그것은 전공 책입니다.

사토 지호 씨의 전공은 무엇입니까?

김지호 제 전공은 전자공학입니다.
사토 씨의 전공은 무엇입니까?

2) **김지호** 다카다 선생님, 이거 받으세요.

다카다 선생님 네? 이것은 무엇입니까?

김지호 한국에서 가지고 온 선물입니다.

다카다 선생님 어머, 이것은 한국의 김과 과자군요.
정말 고마워요. 잘 받겠습니다.

김지호 아, 지금 돈이 없군요.
이 근처에 은행도 있습니까?

사토 네 있어요.
저쪽 슈퍼 옆에 있습니다.

 회화 II 쇼핑몰 안에서

김지호 화장실은 어디입니까?

사토 화장실은 슈퍼마켓 안에 있습니다.

김지호 감사합니다.

청해 **연습**

1 1) 저 쇼핑몰에는 무엇이 있습니까?

2) 슈퍼마켓이랑 레스토랑 등이 있습니다.

3) 돈이 없네요. 이 근처에 은행도 있습니까?

4) 저쪽 슈퍼 옆에 있습니다.

2 쇼핑몰이 있습니다. 쇼핑몰 안에는 슈퍼마켓과
레스토랑 등이 있습니다. 슈퍼마켓은 쇼핑몰 1층
에 있습니다. 슈퍼마켓 옆에는 은행이 있습니다.
화장실은 슈퍼마켓 안에 있습니다.

제6과

저 건물은 무엇입니까?

 회화 I **거리에서**

김지호 지, 지 긴물은 무엇입니까?

사토 아, 저것은 쇼핑몰입니다.

김지호 저 쇼핑몰에는 무엇이 있습니까?

사토 슈퍼마켓이랑 레스토랑 등이 있습니다.

김지호 아, 그렇습니까? 슈퍼마켓은 몇 층입니까?

사토 슈퍼마켓은 1층에 있습니다.

제7과

얼마입니까?

 회화 **편의점에서**

전원 어서 오세요.

김지호 도시락은 어디에 있습니까?

점원 도시락 말입니까? 그쪽입니다.

(도시락을 꺼내 와서)

김지호 도시락은 얼마입니까?

점원 470엔입니다.

김지호 그럼, 이 도시락을 하나 주세요.
　　　그리고 이 차는 얼마입니까?

점원 　차는 한 병에 120엔입니다.

김지호 차도 두 병 주세요. 전부 얼마입니까?

점원 　도시락 하나와 차 두 병 해서 합계 710엔입니다.

김지호 자, 1000엔입니다.

점원 　네. 1000엔 받습니다.
　　　거스름돈 290엔입니다. 매번 감사합니다.

 청해 **연습**

1　1) 도시락을 하나 주세요. 그리고 이 차는 얼마
　　　 입니까?

　　2) 차도 두 병 주세요. 전부 얼마입니까?

　　3) 도시락 하나와 차 두 병 해서 합계 710엔입
　　　 니다.

　　4) 1000엔 받습니다. 거스름돈 290엔입니다.

2　이곳은 편의점입니다. 도시락은 하나에 470엔입
　　니다. 차는 한 병에 120엔입니다. 도시락 하나와
　　차 두 병이면 합계 710엔입니다. 점원은 1000엔
　　을 받습니다. 거스름돈은 290엔입니다.

제8과

가족은 몇 명입니까?

회화 가족 소개하기

사토 　(휴대폰 사진을 보여주면서)
　　　이쪽이 저희 엄마입니다.
　　　오늘 엄마 생신입니다.

김지호 아, 그렇습니까?
　　　사토 씨의 부모님은 어디 계십니까?

사토 　부모님은 오사카에 계십니다.

김지호 사토 씨는 형제가 몇 명입니까?

사토 　저는 외동딸입니다.
　　　지호 씨는 가족이 몇 명입니까?

김지호 저는 다섯 식구입니다.
　　　아버지, 어머니, 여동생, 남동생, 저입니다.

사토 　지호 씨는 장남이군요. 여동생은 몇 살입니까?

김지호 여동생은 올해 18살이고, 지금은 미국에 있습
　　　니다.

사토 　아, 그렇습니까?
　　　남동생은 한국에 있습니까?

김지호 네, 그렇습니다.
　　　지금 고등학교 2학년입니다.

청해 **연습**

1　1) 사토 씨는 형제가 몇 명입니까?

　　2) 저는 외동딸입니다. 가족은 부모님과 저, 세
　　　 명입니다.

　　3) 저는 다섯 식구로 아빠와 엄마, 여동생, 남동
　　　 생, 저입니다.

　　4) 남동생은 지금 고등학교 2학년입니다.

2　오늘은 사토 씨 어머니의 생신입니다. 사토 씨의
　　부모님은 지금 오사카에 있습니다. 사토 씨는 외
　　동딸로 세 식구입니다. 지호 씨의 가족은 다섯
　　명입니다. 지호 씨가 장남이고, 부모님과 남동
　　생, 여동생이 있습니다. 지호 씨의 여동생은 지
　　금 18살이고 미국에 있습니다. 지호 씨의 남동생
　　은 지금 고등학교 2학년이고 한국에 있습니다.

제9과

일본 라면은 맛있습니다

 회화 라면집에서

사토　일본 라면은 처음입니까?

김지호　네, 처음입니다.

사토　맛은 어떻습니까?

김지호　맛있습니다만, 조금 짜군요.

사토　한국에도 라면이 있습니까?

김지호　네, 있습니다.

사토　한국의 라면은 맵습니까?

김지호　매운 것도, 맵지 않은 것도 있습니다.

사토　아, 그렇습니까?
　　　일본 라면은 약간 비쌉니다만, 한국 라면은 어떻습니까?

김지호　한국 라면은 그다지 비싸지 않습니다.

사토　일본 라면과 한국 라면 어느 쪽이 맛있습니까?

김지호　일본 라면 쪽이 저는 좋습니다.

청해 연습

1　1) 일본 라면은 맛있지만 조금 짭니다.

　　2) 한국 라면은 매운 것도, 맵지 않은 것도 있습니다.

　　3) 한국 라면은 그다지 비싸지 않습니다.

　　4) 일본 라면과 한국 라면 어느 쪽이 맛있습니까?

2　지호 씨는 일본 라면이 오늘 처음입니다. 일본 라면은 조금 짭니다. 그리고 조금 비쌉니다. 한국 라면은 조금 맵지만, 맵지 않은 것도 있습니다. 한국 라면은 그다지 비싸지 않습니다. 지호 씨에게는 일본 라면 쪽이 맛있습니다.

제10과

일본의 학교 축제는 매우 떠들썩하네요

 회화 학교 축제에서

사토　오늘부터 금요일까지 학교 축제입니다.

김지호　재미있는 가게가 여기저기 있군요.
　　　일본의 대학 축제는 무척 떠들썩하네요.

사토　맞아요.
　　　저쪽에 오코노미야키랑 다코야키랑 어묵 등 맛있는 것을 파는 가게가 많이 있어요.

김지호　저는 일본의 다코야키를 무척 좋아합니다.

사토　아, 그렇습니까?
　　　한국의 대학 축제에도 먹을거리가 있습니까?

김지호　네, 있습니다.
　　　한국의 대학 축제에는 부침개랑 떡볶이 등이 있습니다.

사토　아, 그렇습니까?
　　　저는 한국의 부침개를 좋아합니다.
　　　지호 씨는 요리를 잘합니까?

김지호　아니요. 요리는 그다지 잘하지 못합니다.

청해 연습

1　1) 일본의 대학 축제는 무척 떠들썩하고, 재미있는 가게가 여기저기 있습니다.

　　2) 지호 씨는 다코야키를 무척 좋아합니다.

　　3) 한국의 대학 축제에도 여러 가지 먹을거리가 있습니다.

　　4) 대학 축제 때에는 학교가 사람으로 가득합니다.

2　일본의 대학 축제는 무척 떠들썩합니다. 재미있는 가게가 여기저기 있습니다. 오코노미야키랑 다코야키랑 어묵 등 맛있는 것도 많이 있습니다.

지호 씨는 다코야키를 무척 좋아합니다. 한국의 대학 축제에도 먹을거리가 있습니다. 한국의 대학 축제에는 부침개랑 떡볶이 등이 있습니다. 사토 씨는 부침개를 매우 좋아합니다. 하지만 지호 씨도 사토 씨도 요리는 그다지 잘하지 못합니다.

제11과

이 방은 역에서 가까워서 편리합니다

 회화 집에 초대하기

사토 실례합니다.

김지호 네, 어서 오세요.

사토 케이크와 멜론입니다. 받으세요.
넓은 방이군요. 집세는 비쌉니까?

김지호 아니요. 비싸지 않습니다.
그리고 이 방은 역에서 가까워서 편리합니다.

사토 (벽에 붙은 사진을 보면서)
이 여성은 귀엽군요.
지호 씨의 애인입니까?

김지호 아니요, 한국의 연예인입니다.

사토 아, 그래요? 지금도 좋아해요?

김지호 아니요, 지금은 여자 친구가 있으니까.

사토 지호 씨의 여자 친구는 어디에 있습니까?

김지호 한국에 있습니다. 여자 친구는 고등학교 선생님입니다.

사토 지호 씨는 어떤 타입의 여성을 좋아합니까?

김지호 저는 귀엽고 밝은 사람이 좋습니다.
사토 씨는요?

사토 저는 잘생기고 성실한 사람이 좋습니다.
그렇지만 제 주위에는 없네요.

1 1) 방은 넓지만, 집세는 비싸지 않습니다.

2) 이 방은 역에서 가까워서 편리합니다.

3) 지호 씨는 귀엽고 밝은 사람을 좋아합니다.

4) 지호 씨의 애인은 고등학교 선생님입니다.

2 지호 씨의 방은 넓습니다. 하지만 집세는 그다지 비싸지 않습니다. 그리고 역에서 가까워서 무척 편리합니다. 지호 씨 방 벽에는 한국의 연예인 사진이 있습니다. 지호 씨의 애인은 고등학교 선생님이고 지금 한국에 있습니다. 지호 씨는 귀엽고 밝은 타입의 여성을 좋아합니다.

제12과

매일 아침 몇 시에 일어납니까?

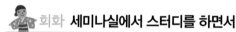 회화 **세미나실에서 스터디를 하면서**

(스터디를 하기 전)

사토 지호 씨, 언제나 빠르군요.
지호 씨는 몇 시에 일어납니까?

김지호 대개 아침 6시쯤에 일어납니다.

사토 상당히 빠르군요. 아침밥은 먹습니까?

김지호 네. 우유와 빵을 먹습니다.

사토 수업은 아침 일찍 있습니까?

김지호 수업은 10시 반부터이지만, 그 전에 늘 도서관에서 공부합니다.

사토 지호 씨는 성실한 학생이군요.
집에서 학교까지는 어느 정도 걸립니까?

김지호 자전거로 15분 정도 걸립니다.

사토 아, 그렇습니까?
하지만 밤에는 자전거로 무섭지 않습니까?

김지호 10시쯤 집에 돌아갈 때는 무서울 때도 있습니다. 사토 씨의 집은요?

사토 저는 학교 안 기숙사입니다.

김지호 아, 그렇습니까? 그거 부럽네요.

사토 그렇지만 가끔 지각합니다.

청해 **연습**

1 1) 대개 아침 6시쯤에 일어납니다.

2) 수업은 10시 반부터이지만, 그 전에 늘 도서관에서 공부합니다.

3) 집에서 학교까지는 자전거로 15분 정도 걸립니다.

4) 밤 10시쯤 집에 돌아갈 때는 무서울 때도 있습니다.

2 지호 씨는 아침 6시에 일어납니다. 아침밥은 우유와 빵을 먹습니다. 수업은 아침 10시 반부터이지만, 그 전에 늘 도서관에서 공부합니다. 학교까지는 자전거로 가는데, 15분 정도 걸립니다. 밤늦게 집에 돌아갈 때는 조금 무서울 때도 있습니다. 그래서 학교 안 기숙사에 있는 사토 씨가 부럽습니다.

제13과

주말에는 무엇을 했습니까?

 **회화** 주말 여행

사토 지호 씨, 리포트는 이미 다 썼습니까?

김지호 아니요, 아직입니다. 언제까지입니까?

사토 리포트는 11월 1일까지로, 모레까지입니다.

김지호 아, 그렇습니까? 오늘부터 열심히 해야겠군요.

사토 그런데, 주말에는 무엇을 했습니까?

김지호 중국인 친구와 함께 요코하마에 갔습니다.

사토 그거 좋았겠군요. 요코하마는 어땠습니까?

김지호 사람이 많고 번화했습니다.

사토 차이나타운에도 갔습니까?

김지호 네, 갔습니다. 그곳에서 중화요리도 먹었습니다. 맛있었습니다.

사토 그거 부럽네요. 밤늦게 돌아왔습니까?

김지호 네. 요코하마는 야경도 예뻐서 밤늦게까지 여기저기를 돌아다녔습니다. 일본의 장식품이랑 귀여운 옷도 많이 샀습니다.

사토 그거 좋았겠네요.

청해 **연습**

1 1) 리포트는 11월 1일까지로, 모레까지입니다.

2) 요코하마의 차이나타운에서 중화요리도 먹었습니다. 맛있었습니다.

3) 요코하마는 야경도 예뻐서, 밤늦게까지 여기저기를 돌아다녔습니다.

4) 일본의 장식품이랑 귀여운 옷도 많이 샀습니다.

2 지호 씨는 주말에 중국인 친구와 요코하마에 갔습니다. 요코하마는 사람이 많고 번화했습니다. 차이나타운에도 갔습니다. 그곳에서 중화요리도 먹었습니다. 밤늦게까지 여기저기를 돌아다녔습니다. 쇼핑도 많이 했습니다. 그래서 밤늦게 돌아와서, 리포트를 쓰지 않았습니다. 리포트는 11월 1일, 모레까지입니다. 지호 씨는 오늘부터 리포트를 열심히 쓸 것입니다.

연습문제 정답

はじめまして

문형 **연습**

1 1) 李さんは留学生です。
2) 山田さんは会社員です。
3) 佐藤さんは先生です。
4) 金さんは大学院生です。

2 1) 日本大学の三年生です。
2) 韓国大学の学生です。
3) 友だちの木村さんです。
4) 留学生のチンさんです。

3 1) チンさんは中国語の先生ですか。
チンさんは中国語の先生ではあり

ません。
2) 佐藤さんは日本語の先生ですか。
佐藤さんは日本語の先生ではあり

ません。
3) 李さんは韓国大学の大学院生ですか。
李さんは韓国大学の大学院生では

ありません。
4) 朴さんはチンさんの友だちですか。
朴さんはチンさんの友だちではあ

りません。
5) 山田さんは会社員ですか。
山田さんは会社員ではありません。

회화 **연습**

1 1) A: はじめまして。スミスです。
よろしくおねがいします。
B: はじめまして。崔スジンです。
こちらこそ、どうぞよろしく。
2) A: はじめまして。木村です。
よろしくおねがいします。
B: はじめまして。
李スギョンです。
こちらこそ、どうぞよろしく。
3) A: はじめまして。山田です。
よろしくおねがいします。
B: はじめまして。金ミヨンです。
こちらこそ、どうぞよろしく。

2 1) A: 佐藤さんは会社員ですか。
B: いいえ、会社員ではありません。
大学生です。
2) A: 佐藤さんは大学院生ですか。
B: いいえ、大学院生ではありま
せん。大学三年生です。
3) A: 佐藤さんは中国語の先生ですか。
B: いいえ、中国語の先生ではあり
ません。日本語の先生です。

청해 **연습**

1 1) はじめまして。私は金ジホです。
(よろしくおねがい)します。

2) はじめまして、佐藤です。

(こちらこそ)、どうぞよろしく。

3) いいえ、私は中国人ではありません。
(韓国人)です。

4) あ。そうですか。金さんは大学
(何年生)ですか。

2 金ジホさんは留学生です。韓国人です。中国人ではありません。韓国大学の三年生です。佐藤さんは日本人です。大学生ではありません。大学院生です。

1) 金ジホさんは大学三年生です。

2) いいえ、佐藤さんは大学生ではありません。大学院生です。

제5과

これは韓国のお土産です

문형 연습

1 1) それはえんぴつです。

2) これはシャーペンです。

3) これは時計です。

4) あれはスマホです。

5) それは日本語のテキストです。

2 1) あのパソコンは先生のです。

2) あのスマホは田中さんのです。

3) このボールペンは金さんのです。

4) その時計は朴さんのです。

5) このかさはだれのですか。

6) その本はだれのですか。

1 1) A: これは何ですか。
B: それは、英語の本です。
A: だれのですか。
B: 木村さんのです。

2) A: これは何ですか。
B: それは、日本語のテキストです。
A: だれのですか。
B: 先生のです。

3) A: これは何ですか。
B: それは、韓国のお土産です。
A: だれのですか。
B: 佐藤さんのです。

4) A: これは何ですか。
B: それは、専攻の本です。
A: だれのですか。
B: 李さんのです。

2 1) A: これは佐藤さんのノートですか。
B: いいえ、それは佐藤さんのではありません。
A: じゃ、佐藤さんのはどれですか。
B: 佐藤さんのはこれです。

2) A: それは佐藤さんのシャーペンですか。
B: いいえ、これは佐藤さんのではありません。
A: じゃ、佐藤さんのはどれですか。
B: 佐藤さんのはあれです。

3) A: それは佐藤さんのスマホですか。
B: いいえ、これは佐藤さんのではありません。

A: じゃ、佐藤さんのはどれですか。

B: 佐藤さんのはあれです。

4) A: あれは佐藤さんのかさですか。

B: いいえ、あれは佐藤さんので

はありません。

A: じゃ、佐藤さんのはどれですか。

B: 佐藤さんのはこれです。

청해 **연습**

1 1) 金ジホさんの(専攻)は(電子工学)

です。

2) 佐藤さんの(専攻)は(日本語学)で

す。

3) 高田先生、これ、(どうぞ)。

4) これは(韓国のお土産)です。

2 1) 佐藤　金さん、これは何の本ですか。

金ジホ　それは専攻の本です。

佐藤　金さんの専攻は何ですか。

金ジホ　私の専攻は電子工学です。

佐藤さんの専攻は何ですか。

佐藤　私の専攻は日本語学です。

➡ 金さんの本は専攻の本です。

2) 金ジホ　高田先生、これ、どうぞ。

高田先生　え、これは何ですか。

金ジホ　韓国のお土産です。

高田先生　あら、これは韓国ののり

とお菓子ですね。

どうもありがとう。いた

だきます。

➡ のりとお菓子です。

제6과

あそこの建物は何ですか

문형 **연습**

1 1) 銀行はコンビニの右にあります。

2) お手洗いはあちらにあります。

3) 教室はあそこにあります。

4) 図書館はどこにありますか。

5) レストランはあの建物の中にあり

ます。

6) 薬屋は食堂の前にありますか。

2 1) パソコンは机の上にあります。

パソコンは机の上にありません。

2) レストランは銀行のとなりにあり

ます。

レストランは銀行のとなりにあり

ません。

3) 学生会館は図書館の後ろにあります。

学生会館は図書館の後ろにありま

せん。

4) スーパーは銀行の近くにあります。

スーパーは銀行の近くにありません。

5) 薬屋はショッピングモールの前に

あります。

薬屋はショッピングモールの前に

ありません。

회화 **연습**

1 1) A: 部屋の中に何がありますか。

B: 机や椅子やベッドなどがあり

ます。

2) A: あのビルの中に何がありますか。

B: レストランやコンビニなどが

あります。

3) A: 冷蔵庫の中に何がありますか。

B: りんごやジュースなどがあり

ます。

4) A: 銀行のとなりに何があります

か。

B: 薬屋と本屋があります。

2 1) 壁には時計と絵があります。

2) テーブルの上にはかびんと本があ

ります。

3) 電話はテーブルの横(そば・近く)

にあります。

4) かばんは椅子の上にあります。

5) 机の上には本とえんぴつがありま

す。

6) ベッドは机の横(そば・近く)にあ

ります。

1 1) あの(ショッピングモール)には何

がありますか。

2) スーパーや(レストラン)などがあ

ります。

3) (お金)がありませんね。この近く

に(銀行)もありますか。

4) あちらのスーパーの(となり)にあ

ります。

2 ショッピングモールがあります。

ショッピングモールの中にはスーパー

やレストランなどがあります。スー

パーはショッピングモールの一階に

あります。スーパーのとなりには銀

行があります。トイレはスーパーの

中にあります。

1) スーパーはショッピングモールの

一階にあります。

2) 銀行はスーパーのとなりにありま

す。

제7과

いくらですか

1 1) えんぴつを2本ください。

2) りんごを三つください。

3) ノートを3冊ください。

4) ハンカチを5枚ください。

2 1) りんご二つとみかん五つで９５０

円です。

2) えんぴつ6本とボールペン3本で

５９０円です。

3) ハンカチ２枚とタオル１枚で

８６０円です。

4) ホットコーヒー一つとチーズケー

キ一つで７３０円です。

1 1) A: この ノートはいくらですか。

B: １冊８０円です。

A: じゃ、このノートを5冊_{ごさつ}ください。

B: はい、ノート5冊_{ごさつ}で400円_{よんひゃくえん}です。

2) A: このえんぴつはいくらですか。

B: 1本40円_{いっぽんよんじゅうえん}です。

A: じゃ、このえんぴつを6本_{ろっぽん}ください。

B: はい、えんぴつ6本_{ろっぽん}で240円_{にひゃくよんじゅうえん}です。

3) A: このハンカチはいくらですか。

B: 1枚200円_{いちまいにひゃくえん}です。

A: じゃ、このハンカチを3枚_{さんまい}ください。

B: はい、ハンカチ3枚_{さんまい}で600円_{ろっぴゃくえん}です。

2 1) A: タオルありますか。

B: はい、450円_{よんひゃくごじゅうえん}のと500円_{ごひゃくえん}のがあります。

A: 450円_{よんひゃくごじゅうえん}のを2枚_{にまい}ください。

B: はい、タオル2枚で900円_{きゅうひゃくえん}です。

2) A: ノートありますか。

B: はい、120円_{ひゃくにじゅうえん}のと180円_{ひゃくはちじゅうえん}のがあります。

A: 120円_{ひゃくにじゅうえん}のを3冊_{さんさつ}ください。

B: はい、ノート3冊_{さんさつ}で360円_{さんびゃくろくじゅうえん}です。

3) A: チーズケーキありますか。

B: はい、300円_{さんびゃくえん}のと380円_{さんびゃくはちじゅうえん}のがあります。

A: 300円_{さんびゃくえん}のを二_{ふた}つください。

B: はい、チーズケーキ二_{ふた}つで600円_{ろっぴゃくえん}です。

청해 **연습** 🌸

1 1) お弁当_{べんとう}を一_{ひと}つください。(それから)、このお茶_{ちゃ}はいくらですか。

2) お茶_{ちゃ}も(二本_{にほん})ください。(全部_{ぜんぶ}で)いくらですか。

3) お弁当一_{べんとうひと}つとお茶二本_{ちゃにほん}で、(合計_{ごうけい}710円_{ななひゃくじゅうえん})です。

4) 1000円_{せんえん}(お預_{あず}かり)します。290円_{にひゃくきゅうじゅうえん}の(お返_{かえ}し)です。

2 ここはコンビニです。お弁当_{べんとう}は一_{ひと}つ470円_{よんひゃくななじゅうえん}です。お茶_{ちゃ}は一本120円_{いっぽんひゃくにじゅうえん}です。お弁当一_{べんとうひと}つとお茶二本_{ちゃにほん}で合計_{ごうけい}710円_{ななひゃくじゅうえん}です。店員_{てんいん}は1000円_{せんえん}を預_{あず}かります。お返_{かえ}しは290円_{にひゃくきゅうじゅうえん}です。

1) お弁当_{べんとう}は一_{ひと}つ470円_{よんひゃくななじゅうえん}です。お茶_{ちゃ}は一本120円_{いっぽんひゃくにじゅうえん}です。

2) 1000円_{せんえん}からのお返_{かえ}しは290円_{にひゃくきゅうじゅうえん}です。

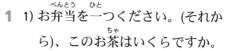

제8과

何人家族ですか

문형 **연습** 🌸

1 1) 大阪_{おおさか}に両親_{りょうしん}がいます。
大阪_{おおさか}に両親_{りょうしん}がいません。

2) 図書館_{としょかん}に学生_{がくせい}たちがいます。
図書館_{としょかん}に学生_{がくせい}たちがいません。

3) ソファの上_{うえ}に猫_{ねこ}と犬_{いぬ}がいます。
ソファの上_{うえ}に猫_{ねこ}と犬_{いぬ}がいません。

4) 日本_{にほん}に妹_{いもうと}と弟_{おとうと}がいます。

日本に妹と弟がいません。
5) 家に父と母がいます。
家に父と母がいません。

2 1) 李さんは留学生で、韓国人です。
2) 兄は20歳で、姉は18歳です。
3) 弟は八つで、妹は九つです。
4) 私は会社員で、4人の子供の父です。
5) 私は一人っ子で、三人家族です。

회화 연습

1 1) A: 部屋に子供たちがいますか。

B: はい、います。

A: 何人いますか。

B: 2人います。

2) A: 教室に学生たちがいますか。

B: はい、います。

A: 何人いますか。

B: 30人ぐらいいます。

3) A: 食堂に女の人がいますか。

B: はい、います。

A: 何人いますか。

B: 15人ぐらいいます。

4) A: 図書館に大学の友だちがいま

すか。

B: はい、います。

A: 何人いますか。

B: 7人います。

청해 연습

1 1) 佐藤さんは(何人兄弟)ですか。
2) 私は(一人っ子)です。家族は両親
と私で三人です。

3) 私は(五人家族)で、父と母と妹と
弟と私です。
4) 弟は今(高校2年生)です。

2 今日は佐藤さんのお母さんの誕生日
です。佐藤さんのご両親は今大阪に
います。佐藤さんは一人っ子で、三
人家族です。ジホさんの家族は五人
です。ジホさんが長男で、ご両親と
弟さんと妹さんがいます。ジホさん
の妹さんは今18歳で、アメリカに
います。ジホさんの弟さんは今高校
2年生で、韓国にいます。
1) 佐藤さんは一人っ子で、兄弟がい

ません。
2) ジホさんの妹さんは今18歳です。

제9과

日本のラーメンはおいしい
です

문형 연습

1 1) 部屋が広いです。
部屋が広くありません。
部屋が広くないです。
2) 頭がいいです。
頭がよくありません。
頭がよくないです。
3) 日本語は面白いです。
日本語は面白くありません。
日本語は面白くないです。

4) 毎日忙しいです。

毎日忙しくありません。

毎日忙しくないです。

5) かばんが高いです。

かばんが高くありません。

かばんが高くないです。

2 1) 楽しいサッカーです。
2) 高い建物です。
3) 優しい先生です。
4) いい天気です。
5) 広い海です。
6) 青い空です。

연습 🌸🌸🌸

1 1) A: 日本語はどうですか。
B: 面白いですが、少し難しいです。
2) A: 大学生活はどうですか。
B: 楽しいですが、少し忙しいです。
3) A: この店はどうですか。
B: 新しいですが、少し高いです。

2 1) A: そのビルは高いですか。
B: いいえ、あまり高くありません。
低いほうです。
2) A: この店は安いですか。
B: いいえ、あまり安くありません。
高いほうです。
3) A: 味は辛いですか。
B: いいえ、あまり辛くありません。
甘いほうです。

3 1) A: 佐藤さんと田中さんとどちら
が背が高いですか。
B: 田中さんのほうが背が高いです。
2) A: 東京の冬とソウルの冬とどち
らが寒いですか。
B: ソウルの冬のほうが寒いです。
3) A: ソウルの夏と東京の夏とどち
らが暑いですか。
B: 東京の夏のほうが暑いです。

청해 **연습** 🌸🌸🌸

1 1) 日本のラーメンはおいしいです
が、少し(塩辛い)です。
2) 韓国のラーメンは(辛いの)も(辛く
ないの)もあります。
3) 韓国のラーメンはあまり(高く)あ
りません。
4) 日本のラーメンと韓国のラーメン
と(どちらが)おいしいですか。

2 ジホさんは日本のラーメンが今日は
じめてです。日本のラーメンは少し
塩辛いです。そして、ちょっと高い
です。韓国のラーメンは少し辛いで
すが、辛くないのもあります。韓国
のラーメンはあまり高くありませ
ん。ジホさんには日本のラーメンの
ほうがおいしいです。
1) いいえ、日本のラーメンは安くあ
りません。ちょっと高いです。
2) 韓国のラーメンは少し辛いです
が、辛くないのもあります。

제 10과

日本の学園祭はとてもにぎやかですね

문형 **연습**

1 1) 英語が上手ではありません。
英語が上手ではないです。
2) 店員が親切ではありません。
店員が親切ではないです。
3) 子供が元気ではありません。
子供が元気ではないです。
4) 料理が好きではありません。
料理が好きではないです。
5) 学校が静かではありません。
学校が静かではないです。

2 1) 有名なレストランですね。
2) 静かな街ですね。
3) ハンサムな人ですね。
4) すてきな先生ですね。
5) りっぱな建物ですね。
6) きれいな部屋ですね。

회화 **연습**

1 1) A: 佐藤さんはまじめな学生ですか。
B: いいえ、まじめではありません。
面白い学生です。
2) A: ジョンロは静かな街ですか。
B: いいえ、静かではありません。
にぎやかな街です。

3) A: 山田さんは親切な店員ですか。
B: いいえ、親切ではありません。
不親切な店員です。

2 1) A: 会議は何曜日ですか。
B: 来週の月曜日です。
2) A: 約束は何曜日ですか。
B: 今週の木曜日です。
3) A: パーティーは何曜日ですか。
B: 来週の日曜日です。
4) A: デートは何曜日ですか。
B: 今週の土曜日です。

청해 **연습**

1 1) 日本の学園祭はとてもにぎやか
で、面白い店が(あっちこっち)に
あります。
2) ジホさんは(たこ焼き)が大好きです。
3) 韓国の学園祭にもいろいろな(食
べ物)があります。
4) 学園祭の時は学校が(人)で(いっぱ
い)です。

2 日本の学園祭はとてもにぎやかです。
面白い店があっちこっちにありま
す。お好み焼きやたこ焼きやおでん
など、おいしい物もたくさんありま
す。ジホさんはたこ焼きが大好きで
す。韓国の学園祭にも食べ物があり
ます。韓国の学園祭にはチジミやトッ
ポッキなどがあります。佐藤さんはチ
ジミが大好きです。でも、ジホさんも
佐藤さんも料理はあまり上手ではあり
ません。

1) 日本の学園祭は、お好み焼きやた
こ焼きやおでんなどがあります。
2) 佐藤さんはチジミが大好きです。

제11과

この部屋は駅から近くて便利です

문형 **연습**

1 1) 田中さんはハンサムでかっこいい
です。
2) えりちゃんはかわいくて明るいです。
3) ぼくの体は健康で丈夫です。
4) 海と空は青くて広いです。
5) このかばんは軽くて丈夫です。
6) この魚は新鮮でおいしいです。
7) 木村さんは頭がよくてまじめです。

회화 **연습**

1 1) A: どんな男性が好きですか。
B: そうですね。ハンサムで背が
高い男性が好きです。
A: そうですか。私は、まじめで
頭がいい男性が好きです。

2) A: どんなかばんが好きですか。
B: そうですね。丈夫で軽いかばん
が好きです。
A: そうですか。私は、小さくて
かわいいかばんが好きです。

3) A: どんな家が好きですか。
B: そうですね。部屋が多くて広
い家が好きです。
A: そうですか。私は、便利で明
るい家が好きです。

2 1) A: これはどうですか。
B: それは、安いからいいです。
A: そうですか。

2) A: これはどうですか。
B: それは、不便だからいやです。
A: そうですか。

3) A: これはどうですか。
B: それは、丈夫だから好きです。
A: そうですか。

4) A: これはどうですか。
B: それは、高いからだめです。
A: そうですか。

청해 **연습**

1 1) 部屋は広いですが、(家賃)は高く
ありません。
2) この部屋は(駅から)近くて(便利)
です。
3) ジホさんは(かわいくて)(明るい)
人が好きです。
4) ジホさんの(恋人)は(高校の先生)
です。

2 ジホさんの部屋は広いです。でも、
家賃はあまり高くありません。そし
て駅から近くてとても便利です。ジ
ホさんの部屋の壁には韓国タレント

の写真があります。ジホさんの恋人
は高校の先生で、今韓国にいます。

ジホさんはかわいくて明るいタイプ
の女性が好きです。

1) ジホさんの部屋は広いです。家賃
はあまり高くありません。駅から
近くてとても便利です。壁には韓
国タレントの写真があります。

2) ジホさんは、かわいくて明るいタ
イプの女性が好きです。

제12과

毎朝何時に起きますか

문형 **연습**

1 1) 友だちに会います。
友だちに会いません。
2) 一人で考えます。
一人で考えません。
3) 授業が始まります。
授業が始まりません。
4) 家でテレビを見ます。
家でテレビを見ません。
5) テストの勉強をします。
テストの勉強をしません。
6) 友だちから手紙が来ます。
友だちから手紙が来ません。

2 1) 朝7時30分に家を出ます。
2) 朝9時に授業が始まります。
3) 午後4時45分に授業が終わります。
4) 午後5時25分に家へ帰ります。

회화 **연습**

1 1) A: 今日の午後、何をしますか。
B: 図書館に行きます。
A: 夜は何をしますか。
B: 家で料理を作ります。
2) A: 今日の午後、何をしますか。
B: 買い物をします。
A: 夜は何をしますか。
B: 家でテレビを見ます。
3) A: 今日の午後、何をしますか。
B: 本を読みます。
A: 夜は何をしますか。
B: 早く寝ます。

2 1) A: 会社へ何で行きますか。
B: 車で行きます。
A: 時間はどのぐらいかかりますか。
B: 40分ぐらいかかります。
2) A: 京都へ何で行きますか。
B: 新幹線で行きます。
A: 時間はどのぐらいかかりますか。
B: 3時間ぐらいかかります。
3) A: 日本へ何で行きますか。
B: 飛行機で行きます。
A: 時間はどのぐらいかかりますか。
B: 2時間半ぐらいかかります。
4) A: デパートへ何で行きますか。
B: バスで行きます。
A: 時間はどのぐらいかかりますか。
B: 20分ぐらいかかります。

1 1) たいてい(朝6時ごろ)起きます。

　　2) (授業)は10時半からですが、その
　　　　前にいつも(図書館)で勉強します。

　　3) 家から学校までは(自転車)で15
　　　　分ぐらいかかります。

　　4) 夜10時ごろ家へ帰る時は(怖い
　　　　時)もあります。

2 ジホさんは朝6時に起きます。朝ご
　　はんは牛乳とパンを食べます。授業
　　は朝10時半からですが、その前に
　　いつも図書館で勉強します。学校ま
　　では自転車で行きますが、15分ぐ
　　らいかかります。夜遅く家へ帰る時
　　はちょっと怖い時もあります。それ
　　で学校の中の寮にいる佐藤さんがう
　　らやましいです。

　　1) ジホさんは授業の前にいつも図書
　　　　館で勉強します。

　　2) ジホさんは夜遅く家へ帰る時は
　　　　ちょっと怖い時もありますが、佐
　　　　藤さんは学校の中の寮にいるから
　　　　です。

제**13**과

週末には何をしましたか

문형 **연습** 🌸

1 1) 夜遅くまでレポートを書きました。
　　　　夜遅くまでレポートを書きません
　　　　でした。

　　2) 好きな歌を歌いました。
　　　　好きな歌を歌いませんでした。

　　3) 子供とお風呂に入りました。
　　　　子供とお風呂に入りませんでした。

　　4) 一人でよく考えました。
　　　　一人でよく考えませんでした。

　　5) たくさん買い物をしました。
　　　　たくさん買い物をしませんでした。

　　6) 友だちからメールが来ました。
　　　　友だちからメールが来ませんでした。

2 1) ラーメンが辛かったです。

　　2) あの服は大きかったです。

　　3) 妹と弟がかわいかったです。

　　4) 佐藤さんはかっこよかったです。

　　5) あの人はまじめでした。

　　6) あの子供は元気でした。

　　7) 木村先生はハンサムでした。

　　8) あの店員は親切でした。

3 1) くがつ ここのか

　　2) しちがつ はつか

　　3) しがつ いつか

　　4) ごがつ ようか

　　5) じゅうにがつ じゅうくにち

6) ろくがつ にじゅうしちにち

1 1) A: 先週の日曜日には何をしまし
たか。
B: 家で料理を作りました。
A: どこへも行きませんでしたか。
B: 近くのスーパーで料理の材料
を買いました。
A: あ、そうですか。

2) A: 先週の日曜日には何をしまし
たか。
B: 家でテレビを見ました。
A: どこへも行きませんでしたか。
B: 近くのデパートで買い物をし
ました。
A: あ、そうですか。

3) A: 先週の日曜日には何をしまし
たか。
B: 家でレポートを書きました。
A: どこへも行きませんでしたか。
B: 近くの図書館で友だちに会い
ました。
A: あ、そうですか。

2 1) A: 英語のテストはいつですか。
B: 今月の7日です。

2) A: 今度の会議はいつですか。
B: 来月の6日です。

3) A: 大学の卒業式はいつですか。
B: 2月24日です。

4) A: 大学の入学式はいつですか。
B: 3月2日です。

1 1) レポートは(11月1日)までで、
あさってまでです。

2) 横浜の中華街で(中華料理)も食べ
ました。おいしかったです。

3) 横浜は(夜景)もきれいで、(夜遅く)
まであっちこっちを回りました。

4) 日本の(小物)やかわいい服もたく
さん買いました。

2 ジホさんは週末に中国人の友だちと横
浜に行きました。横浜は人が多くてに
ぎやかでした。中華街にも行きまし
た。そこで中華料理も食べました。
夜遅くまであっちこっちを回りまし
た。買い物もたくさんしました。そ
れで夜遅く帰りましたので、レポー
トを書きませんでした。レポートは
11月1日、あさってまでです。ジ
ホさんは今日からレポートを一生懸
命書きます。

1) 横浜の中華街で中華料理も食べま
した。そして、夜遅くまであっち
こっちを回りました。買い物もた
くさんしました。

2) ジホさんはまだレポートを書きま
せんでした。今日からレポートを
一生懸命書きます。

가슴 설레는 일본 유학 생활 체험 회화

NEW どきどき 일본어 초급 上

지은이 이승영, 최정아
펴낸이 정규도
펴낸곳 (주)다락원

초판 1쇄 발행 2015년 3월 5일
개정1판 1쇄 발행 2020년 9월 3일
개정1판 4쇄 발행 2024년 3월 29일

책임편집 송화록, 손명숙, 임혜련
디자인 윤미주, 정규옥, 이승현
표지디자인 장미연
일러스트 오경진

다락원 경기도 파주시 문발로 211
내용문의 (02)736-2031 내선 460~465
구입문의 (02)736-2031 내선 250~252
Fax (02)732-2037
출판등록 1977년 9월 16일 제406-2008-000007호

ISBN 978-89-277-1238-1 13730

http://www.darakwon.co.kr

- 다락원 홈페이지를 방문하시면 상세한 출판 정보와 함께 동영상 강좌,
  MP3 자료 등 다양한 어학 정보를 얻으실 수 있습니다.
- 다락원 홈페이지 자료실에서 MP3 파일(무료)을 다운로드 받으실 수
  있습니다.

가슴 설레는
일본 유학 생활
체험 회화문

どきどき

도 키 도 키

일본어 초급 上

일본어 가나 쓰기

다락원

가슴 설레는 일본 유학 생활
체험 회화문

どき
도 키 도 키
どき

일본어 초급 上

일본어 가나 쓰기

다락원

히라가나 ひらがな

단＼행	あ행	か행	さ행	た행	な행
あ단	あ [a]	か [ka]	さ [sa]	た [ta]	な [na]
い단	い [i]	き [ki]	し [shi]	ち [chi]	に [ni]
う단	う [u]	く [ku]	す [su]	つ [tsu]	ぬ [nu]
え단	え [e]	け [ke]	せ [se]	て [te]	ね [ne]
お단	お [o]	こ [ko]	そ [so]	と [to]	の [no]

가타카나 カタカナ

단＼행	ア행	カ행	サ행	タ행	ナ행
ア단	ア [a]	カ [ka]	サ [sa]	タ [ta]	ナ [na]
イ단	イ [i]	キ [ki]	シ [shi]	チ [chi]	ニ [ni]
ウ단	ウ [u]	ク [ku]	ス [su]	ツ [tsu]	ヌ [nu]
エ단	エ [e]	ケ [ke]	セ [se]	テ [te]	ネ [ne]
オ단	オ [o]	コ [ko]	ソ [so]	ト [to]	ノ [no]

は행	ま행	や행	ら행	わ행	
は [ha]	ま [ma]	や [ya]	ら [ra]	わ [wa]	
ひ [hi]	み [mi]		り [ri]		
ふ [fu]	む [mu]	ゆ [yu]	る [ru]		
へ [he]	め [me]		れ [re]		
ほ [ho]	も [mo]	よ [yo]	ろ [ro]	を [o]	ん [n]

ハ행	マ행	ヤ행	ラ행	ワ행	
ハ [ha]	マ [ma]	ヤ [ya]	ラ [ra]	ワ [wa]	
ヒ [hi]	ミ [mi]		リ [ri]		
フ [fu]	ム [mu]	ユ [yu]	ル [ru]		
ヘ [he]	メ [me]		レ [re]		
ホ [ho]	モ [mo]	ヨ [yo]	ロ [ro]	ヲ [o]	ン [n]

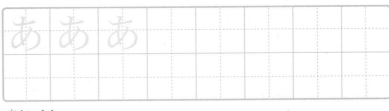

あい 사랑

いえ 집

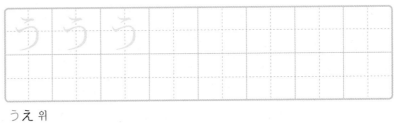

うえ 위

え 그림

あお 파란색

ア
a
アメリカ 미국

イ
i
イタリア 이탈리아

ウ
u
ブラウス 블라우스

エ
e
エアメール 항공 우편

オ
o
オルゴール 오르골

ka

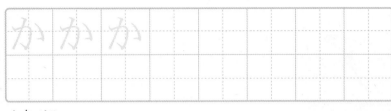

かお 얼굴

ki

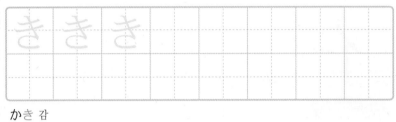

かき 감

ku

いく 가다

ke

いけ 연못

ko

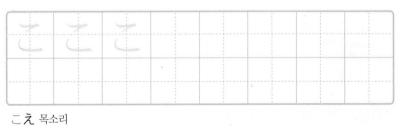

こえ 목소리

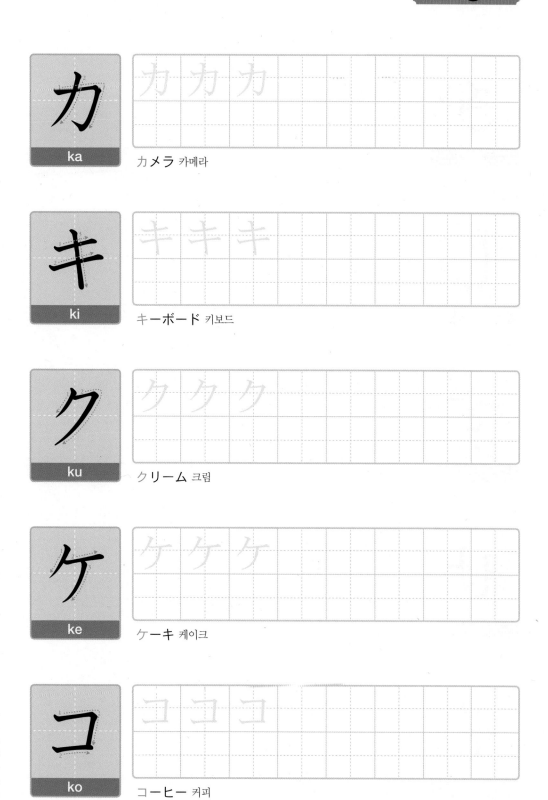

カ ka
カメラ 카메라

キ ki
キーボード 키보드

ク ku
クリーム 크림

ケ ke
ケーキ 케이크

コ ko
コーヒー 커피

さ **sa**

さけ 술

し **shi**

しお 소금

す **su**

すし 초밥

せ **se**

せかい 세계

そ **so**

そこ 그곳, 거기

sa

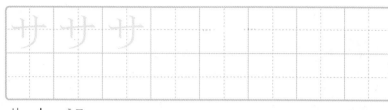

サッカー 축구

shi

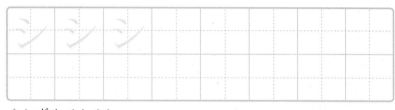

シンボル 심벌, 상징

su

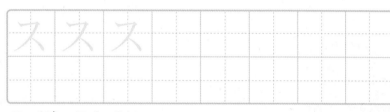

スーツケース 슈트케이스

se

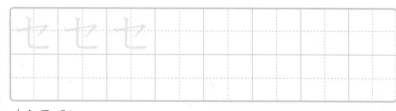

センス 센스

so

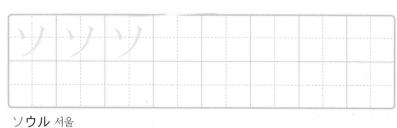

ソウル 서울

た ta
た た た

たこ 문어

ち chi
ち ち ち

くち 입

つ tsu
つ つ つ

つき 달

て te
て て て

かてい 가정

と to
と と と

とし 해, 년

タ
ta

タイ 태국

チ
chi

チリソース 칠리 소스

ツ
tsu

ツアー 투어

テ
te

テコンドー 태권도

ト
to

トイレ 화장실

 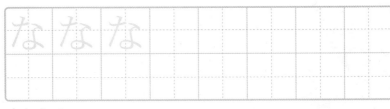

na

なか 속, 안

ni

にく 고기

nu

いぬ 개

ne

あね 언니, 누나

 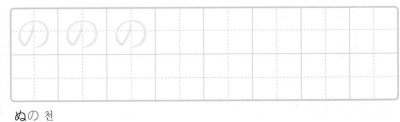

no

ぬの 천

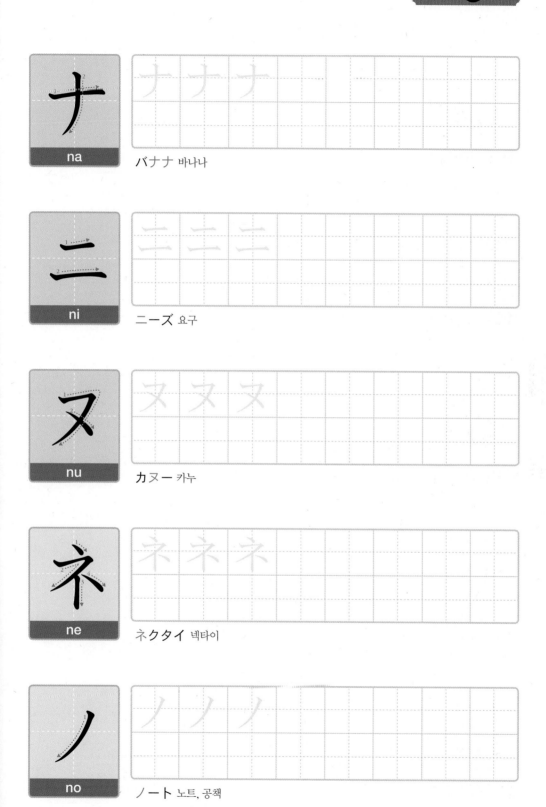

ナ
na

バナナ 바나나

ニ
ni

ニーズ 요구

ヌ
nu

カヌー 카누

ネ
ne

ネクタイ 넥타이

ノ
no

ノート 노트, 공책

 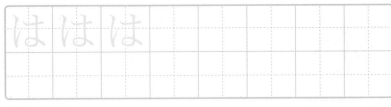

はし 젓가락

ひこうき 비행기

 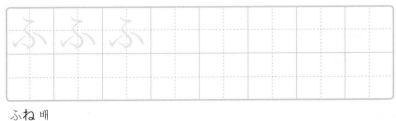

ふね 배

へる 줄다

 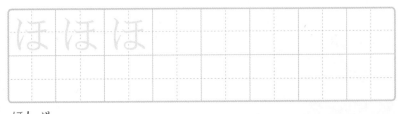

ほし 별

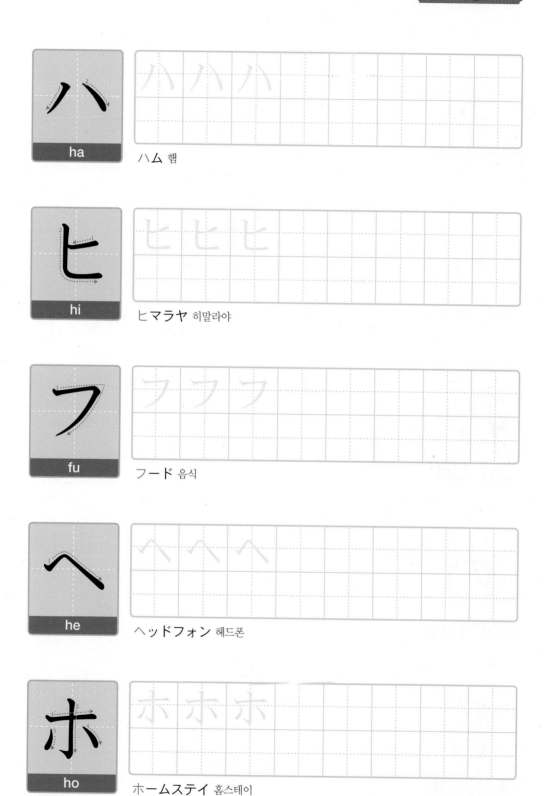

ハ
ha

ハム 햄

ヒ
hi

ヒマラヤ 히말라야

フ
fu

フード 음식

ヘ
he

ヘッドフォン 헤드폰

ホ
ho

ホームステイ 홈스테이

うま 말

うみ 바다

むすこ 아들

 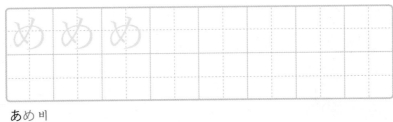

あめ 비

いもうと 여동생

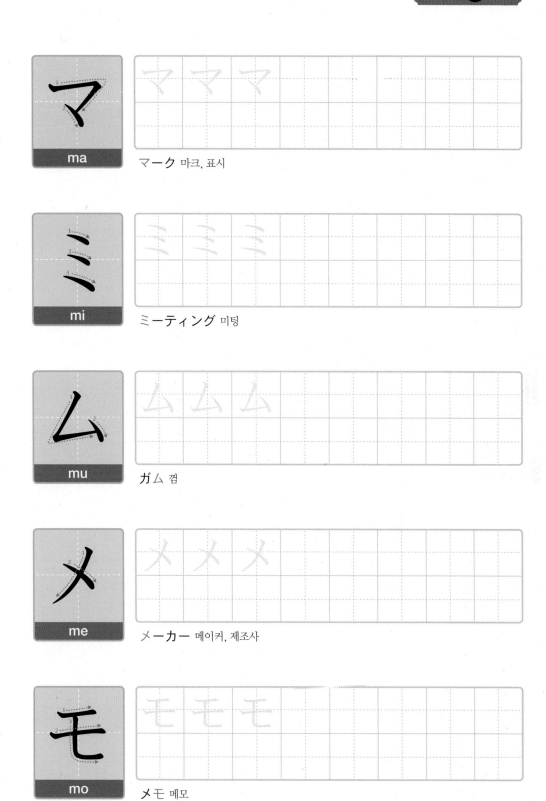

マ ma
マーク 마크, 표시

ミ mi
ミーティング 미팅

ム mu
ガム 껌

メ me
メーカー 메이커, 제조사

モ mo
メモ 메모

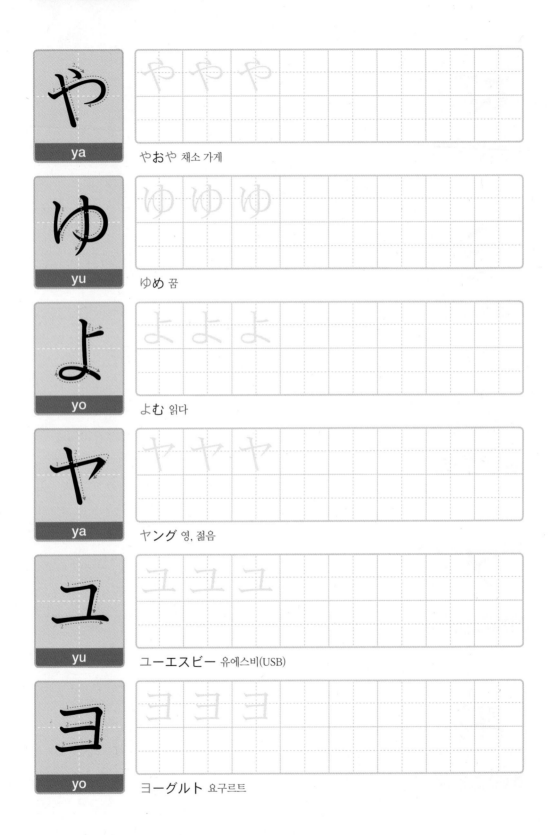

や **ya**

やおや 채소 가게

ゆ **yu**

ゆめ 꿈

よ **yo**

よむ 읽다

ヤ **ya**

ヤング 영, 젊음

ユ **yu**

ユーエスビー 유에스비(USB)

ヨ **yo**

ヨーグルト 요구르트

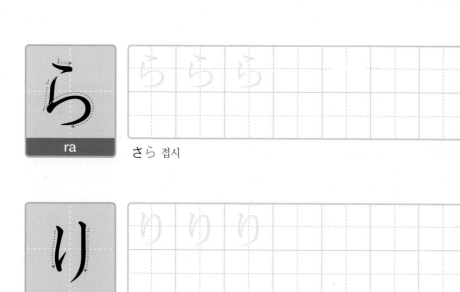

ら ra

さら 접시

り ri

りか 이과

る ru

とる 집다, 잡다

れ re

れきし 역사

ろ ro

ろうか 복도

ラーメン 라면

リンス 린스

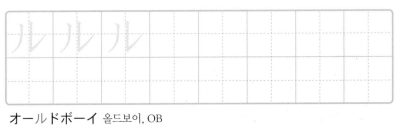

オールドボーイ 올드보이, OB

カレンダー 달력

ロシア 러시아

わ wa	わ わ わ

わたし 나, 저

を o	を を を

ほんをよむ 책을 읽다

ん n	ん ん ん

みかん 귤

ワ wa	ワ ワ ワ

ワッフル 와플

ヲ o	ヲ ヲ ヲ

ヲ

ン n	ン ン ン

プリン 푸딩

2. 탁음·반탁음

ga

がっこう 学校

gi

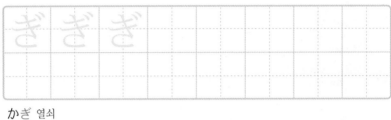

かぎ 열쇠

gu

かぐ 가구

ge

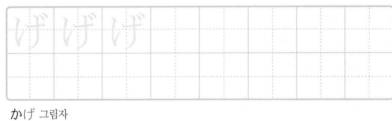

かげ 그림자

go

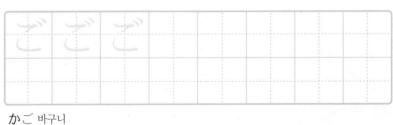

かご 바구니

ガ
ga

ガーゼ 거즈

ギ
gi

ギター 기타

グ
gu

グラス 글라스, 유리잔

ゲ
ge

ゲーム 게임

ゴ
go

ゴルフ 골프

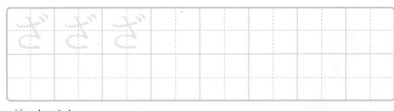

ざっし 잡지

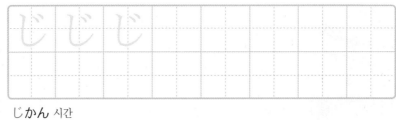

じかん 시간

ちず 지도

かぜ 바람

かぞく 가족

ザ za

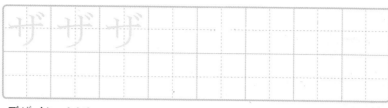

デザイン 디자인

ジ ji

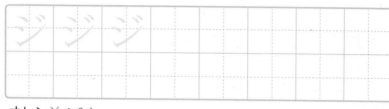

オレンジ 오렌지

ズ zu

チーズ 치즈

ゼ ze

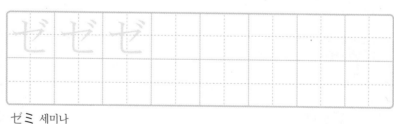

ゼミ 세미나

ゾ zo

ゾーン 지역, 범위

 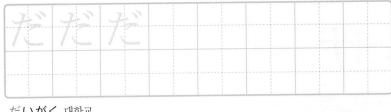

da

だいがく 대학교

ji

ちぢむ 줄다

zu

つづく 계속되다

de

でぐち 출구

do

かど 모퉁이

ダ
da
ダイビング 다이빙

ヂ
ji

ヅ
zu

デ
de
デート 데이트

ド
do
ドイツ 독일

ba

かばん 가방

bi

びようしつ 미용실

bu

どうぶつ 동물

be

かべ 벽

bo

ぼうし 모자

バ
ba

バランス 밸런스, 균형

ビ
bi

ビタミン 비타민

ブ
bu

ブック 북, 책

ベ
be

ベーコン 베이컨

ボ
bo

ボート 보트

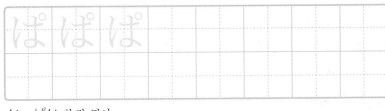

いっぱい 한 잔, 많이

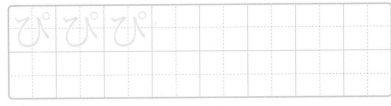

ぴったり 딱 맞음

せんぷうき 선풍기

ぺらぺら 말을 잘 하는 모습, 술술

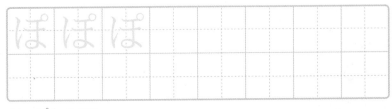

いっぽん 한 자루

パ pa

パパ 아빠

ピ pi

ピザ 피자

プ pu

プリンター 프린터

ペ pe

ペット 애완동물

ポ po

ポスト 우체통

3. 요음

きゃ
kya

きゃきゃきゃ

かんきゃく 관객

きゅ
kyu

きゅきゅきゅ

きゅうけい 휴게, 휴식

きょ
kyo

きょきょきょ

とうきょう 도쿄

キャ
kya

キャキャキャ

キャラメル 캐러멜

キュ
kyu

キュキュキュ

サンキュー 생큐(thank you)

キョ
kyo

キョキョキョ

ぎゃ gya

ぎゃく 반대, 거꾸로임

ぎゅ gyu

ぎゅうにゅう 우유

ぎょ gyo

きんぎょ 금붕어

ギャ gya

ギャンブル 도박

ギュ gyu

フィギュアスケート 피겨스케이트

ギョ gyo

ギョーザ 중국식 만두

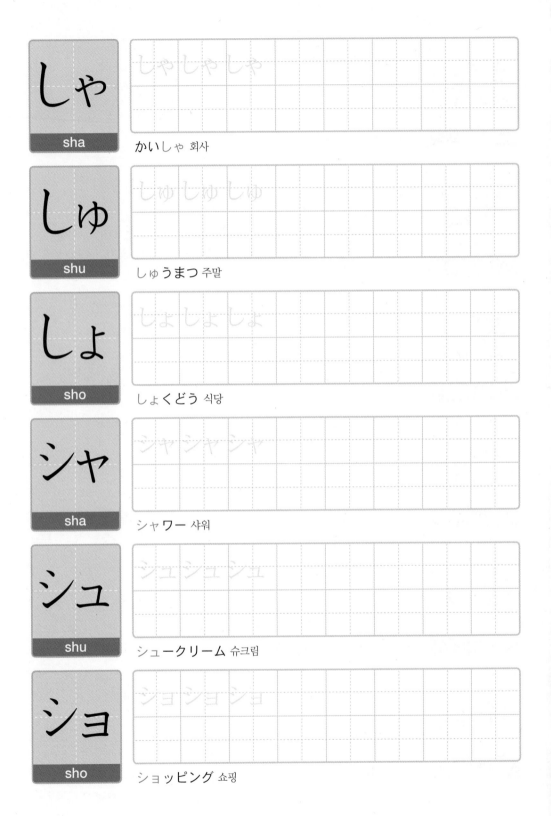

しゃ	しゃしゃしゃ
sha	かいしゃ 회사

しゅ	しゅしゅしゅ
shu	しゅうまつ 주말

しょ	しょしょしょ
sho	しょくどう 식당

シャ	シャシャシャ
sha	シャワー 샤워

シュ	シュシュシュ
shu	シュークリーム 슈크림

ショ	ショショショ
sho	ショッピング 쇼핑

じゃ	じゃじゃじゃ
ja	

かんじゃ 환자

じゅ	じゅじゅじゅ
ju	

じゅんび 준비

じょ	じょじょじょ
jo	

じょゆう 여배우

ジャ	ジャジャジャ
ja	

ジャズ 재즈

ジュ	ジュジュジュ
ju	

ジュース 주스

ジョ	ジョジョジョ
jo	

ジョギング 조깅

ちゃ
cha

ちゃちゃちゃ

にほんちゃ 일본차

ちゅ
chu

ちゅちゅちゅ

ちゅうい 주의

ちょ
cho

ちょちょちょ

かちょう 과장님

チャ
cha

チャチャチャ

チャーハン 볶음밥

チュ
chu

チュチュチュ

チューインガム 츄잉껌

チョ
cho

チョチョチョ

チョコレート 초콜릿

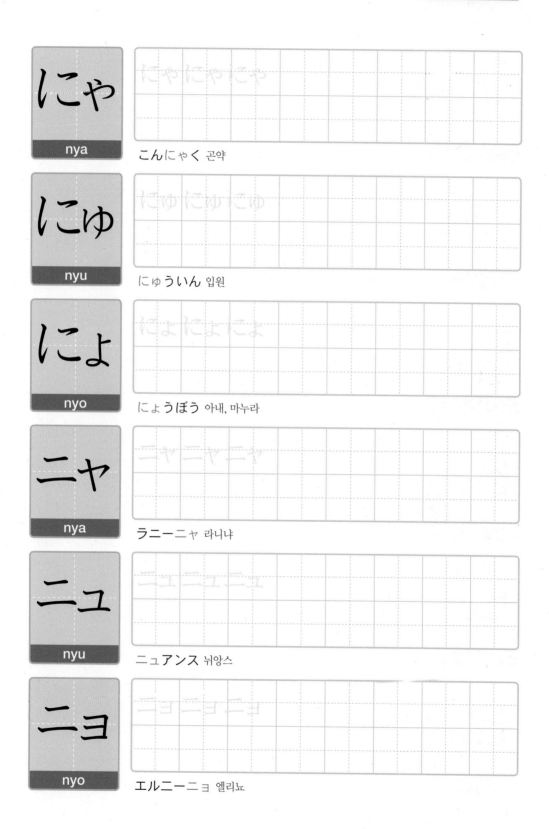

にゃ
nya

こんにゃく 곤약

にゅ
nyu

にゅういん 입원

にょ
nyo

にょうぼう 아내, 마누라

ニャ
nya

ラニーニャ 라니냐

ニュ
nyu

ニュアンス 뉘앙스

ニョ
nyo

エルニーニョ 엘리뇨

ひゃ hya

ひゃく 백(100)

ひゅ hyu

ひゅうひゅう 바람이 심하게 부는 소리

ひょ hyo

ひょうし 표지

ヒャ hya

ヒュ hyu

ヒューストン 휴스턴

ヒョ hyo

びゃ bya

びゃ びゃ びゃ

さんびゃく 삼백(300)

びゅ byu

びゅ びゅ びゅ

びゅんびゅん 기세 좋게 움직이는 모양

びょ byo

びょ びょ びょ

かんびょう 간병

ビャ bya

ビャ ビャ ビャ

ビュ byu

ビュ ビュ ビュ

ビューティー 뷰티, 아름다움

ビョ byo

ビョ ビョ ビョ

ぴゃ pya

ぴゃ ぴゃ ぴゃ

はっぴゃく 팔백(800)

ぴゅ pyu

ぴゅ ぴゅ ぴゅ

ぴゅうぴゅう 바람이 날카롭게 부는 모양

ぴょ pyo

ぴょ ぴょ ぴょ

ぴょんぴょん 깡총깡총

ピャ pya

ピャ ピャ ピャ

ピュ pyu

ピュ ピュ ピュ

コンピュータ 컴퓨터

ピョ pyo

ピョ ピョ ピョ

みや mya	みゃ みゃ みゃ

さんみゃく 산맥

みゆ myu	みゅ みゅ みゅ

みよ myo	みょ みょ みょ

びみょう 미묘함

ミヤ mya	ミャ ミャ ミャ

ミャンマー 미얀마

ミユ myu	ミュ ミュ ミュ

ミュージカル 뮤지컬

ミヨ myo	ミョ ミョ ミョ

りゃ
rya

りゃ りゃ りゃ

しょうりゃく 생략

りゅ
ryu

りゅ りゅ りゅ

りゅうがく 유학

りょ
ryo

りょ りょ りょ

りょこう 여행

リヤ
rya

リヤ リヤ リヤ

リュ
ryu

リュ リュ リュ

リュック(サック) 배낭

リョ
ryo

リョ リョ リョ

あ

お

い

り

め

ぬ

し

も

き

さ

は

ほ

わ						
ね						
う						
つ						
え						
ふ						
れ						
わ						
る						
ろ						
な						
た						

ア						
マ						
フ						
ス						
ウ						
ク						
ヤ						
マ						
エ						
テ						
ン						
ソ						

ワ

ク

ユ

ヨ

ツ

シ

チ

テ

ナ

オ

ル

リ

きて
오고

きって
우표

ねこ
고양이

ねっこ
뿌리

おと
소리

おっと
남편

がか
화가

がっか
학과

まくら
베개

まっくら
암흑

かた
어깨

かった
샀다

いしゃ 의사					

いしや 석재상					

びょういん 병원					

びようい ん 미용실					

いえ 집					

いいえ 아니요					

すき 좋아함					

スキー 스키					

ちず 지도					

チーズ 치즈					

ビル 빌딩					

ビール 맥주					

다락원

이동일 · 최정아 공저

일본어 조금 I

두근 두근

드키 드키

기초 일본어
원어 음성 제공
서점 회화문

N
3
1

ISBN 978-89-277-1261-9 14730
978-89-277-1260-2 (세트)

14730

값 13,500원 (교재+가나 쓰기장)

일본어

STEP 3

단계별로
읽게 하는